超ど素人がはじめる投資信託

第2版

20代怠け者
（上本 敏雅）著

SE
SHOEISHA

投資信託は「誰でもできる投資」

投資について、みなさんはどのようなイメージを持っていますか？　おそらく、ほとんどの人はこう考えているのではないでしょうか。「投資は難しい」「リスクがある」「時間がかかる」……。

これらは確かにその通りです。投資には学ぶべきことがたくさんありますし、常にリスクが存在します。投資だけでお金を増やしていくことは、想像以上に難しい話です。

こう聞くと、投資というものはなかなか手が届かない、遠い世界の話のようにも感じますね。

しかし、そんな難しそうな投資の中でも投資信託は「誰でもできる投資」なのです。

運用はプロ任せ！

まず、投資信託は例えると株式などの投資商品をまとめた「箱」のようなものです。多くの投資家からこの箱に資金を集め、**それをプロが運用することで、利益を上げていくしくみ**です。そのため、投資家はお金を出すだけ。運用に関する細かいことは、すべてプロに任せっきりにすることができます。難しいことはわからなくても大丈夫ですし、時間がかかることもありません。

投資家は**この「箱の権利」を買うことで、中に入っている株式などのオーナーになる**わけですが、実はたった１００円からでも、この権利を気軽に買うことができてしまうのです。

少ない資金からでもはじめられて、難しいことはプロ任せ。そんな都合の良い「誰でもできる投資」が、投資信託なのです。

投資信託が「誰でもできる」理由

1 難しい投資はすべてプロにお任せ！

2 ワンコインからでも購入できる！

たった100円からでも投資信託のオーナーになれる！

難しい投資判断

時間をかける必要

大金を用意する必要

忙しくてもラクラク運用できる

調査も売買も必要ない!

投資信託は、日常生活が忙しい人にこそオススメできる投資です。

前節でお話しした通り、投資信託は「箱」にお金を入れることで、プロが代わりに運用を続けてくれるものです。つまり、**投資家自身が時間をかけて市場を調査したり、売買を行ったりする必要がありません**。

難しいことを考えたり調べたりしなくても良いということは、**本業や家事などで忙しい人にもはじめられるチャンスがある**ということです。

また、忙しくても誰でも続けられる理由として「自動積立ができること」も挙げられます。

自動積立ならラクチン!

自動積立は、毎月決めた金額分の投資信託を自動的に購入してくれるしくみです。

例えば「毎月10日に３万円の投資信託を買う」という設定をすれば、あとは勝手に自分の銀行口座からお金が振り込まれ、投資信託を同じ金額分だけ、購入し続けてくれます。

そうすると、時々利益が出ているかなどの状況をチェックするぐらいで、拍子抜けするほど、他にやることはありません。

他の投資ではなかなかこうはいきません。日々市場の値動きをチェックしたり、事前に周到な準備が必要だったりするものがほとんどです。

ですので、**投資信託はとても手軽で、簡単に続けられる投資**だといえます。

「どのような商品を毎月どれだけ買うか」を決めるだけで、あとはほったらかしでもＯＫなのが、投資信託の大きなメリットです。

忙しくても続けられる

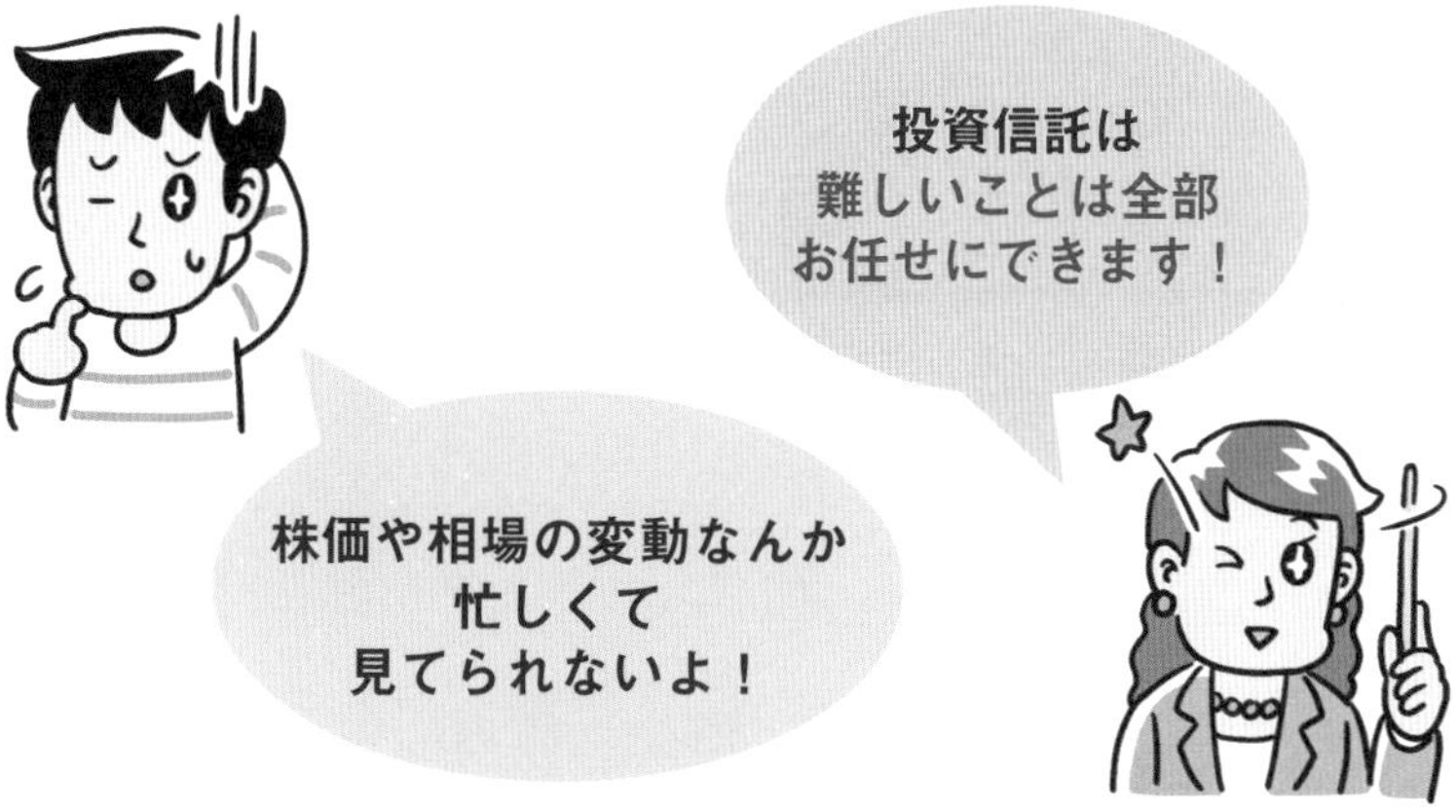
株価や相場の変動なんか
忙しくて
見てられないよ！
投資信託は
難しいことは全部
お任せにできます！

自動積立なら
毎月勝手に振込・購入をしてくれる！

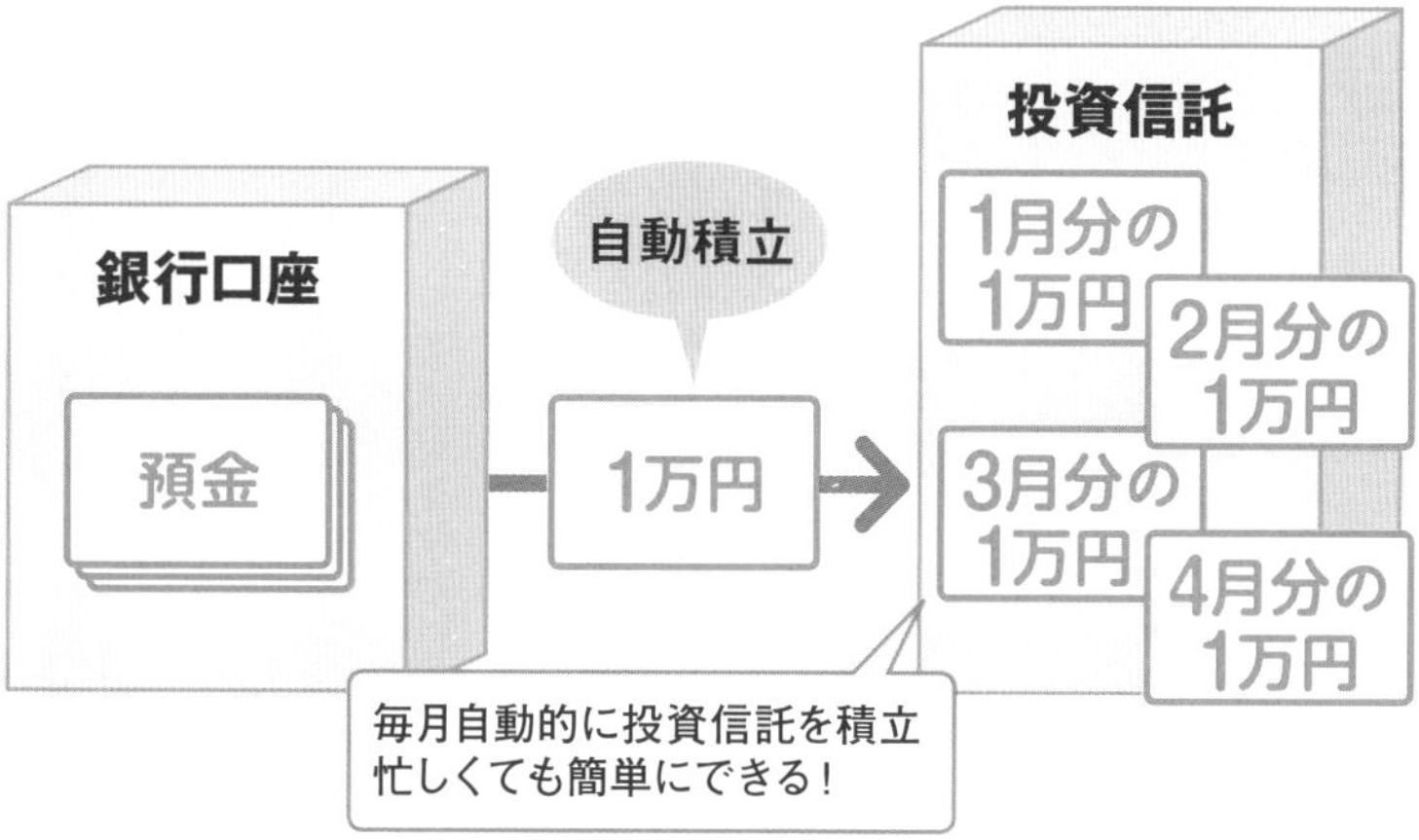
銀行口座
預金
自動積立
1万円
投資信託
1月分の
1万円
2月分の
1万円
3月分の
1万円
4月分の
1万円
毎月自動的に投資信託を積立
忙しくても簡単にできる！

最近はクレジットカードを使った定期積立もあり、
ポイントを貯めながら投資をすることも可能！

ますます投資信託が重要になっている

ここ数年で、投資の重要性は大きく増しています。その大きな理由が「物価高」と「円安」です。

物価高と円安に対抗！

日本は長らく物価が上がらないデフレ状態でした。しかし、昨今の国際事情などで食料品やエネルギーの価格が高騰し、多くのものを輸入に頼っている現状では、いろいろな品物の価格が上昇しています。また、歴史的な円安も、同時に日本経済に大きな影響を与えています。

2022年には、たった1年で30%も円安になりました。みなさんの貯金が、何もしていないのに30%も価値を減らしたことになるのです。

これらに対応するためには、**「物価高に負けないように資産を増やすこと」「資産を分散して円の下落ダメージをおさえること」**が必要になります。そして、この2つを簡単に実現できるのが投資信託なのです。

さまざまな資産に分散できる

単純にお金を銀行に預けているだけだと、低金利の日本ではお金が増えるよりも先に物価高のほうが進んでいきます。物価高に対応していくためにも、年間数%以上の利回りで資産を運用することが重要です。

また、日本円しか持っていないと円安の影響を大きく受けますので、日本円以外の資産に分散する必要があります。例えば、株式、海外の通貨、国債、金の現物……投資信託であれば、これらに投資すれば簡単に資産を分散できます。

まずは、こうした世界の急激な流れに翻弄されないよう、投資信託を運用することで対抗できるようにしていきましょう！

物価高・円安に対抗するためには投資が必要！

物価高

貯金が増えるよりも早く、
物の値段が上がっていく
（インフレ）

円安

日本円の価値が下がり、
貯金も価値が下がってしまう

世界的な物価高が日本にも！
お金を貯めるだけでは、損をする時代に来ている

日本の預金の金利はたったの 0.001％
（大手メガバンクの普通預金金利）
増えるよりも先に、物価高と円安で使えるお金が
減っていく時代が来ている！

物価高への対抗策

物価高のスピードよりも早く、
資産を運用して増やしていく

円安への対抗策

海外の通貨や資産を保有して
リスクを分散する

日本の預金
だけ……
国債
円
$
投資信託を
はじめることで
簡単に世界中の資産に
分散投資できる！

今は日本人なら誰でもネットで気軽に、
世界各国の資産を簡単に買えるようになった！
→どんどん投資はやりやすくなっている

投資信託を今すぐはじめるべき理由

投資信託は、はじめるのが早ければ早いほど有利な投資です。いったいなぜでしょう?

1.「時間」を味方につけられる

投資信託のメリットは、**長い時間をかけて積立投資をしていき、そして資産を着実に増やしていく「長期投資」にあります。**

投資信託で増やした金額をさらに投資することで、資産を雪だるま式にどんどん増やしていくことが可能で、これを複利効果といいます。

運用できる時間が長いほど、積立する金額が小さくても大きなリターンを得ることができます。

「自分はそんなにお金を持っていない」という人でも、投資をする時間が数十年以上あれば大丈夫です。

月数百円からでもいいので、今すぐ投資をスタートして、時間を味方につけていきましょう。

2.簡単に資産を分散できる

前節でもお伝えしたように、急激に変化する時代に日本円だけ持っているのはリスクを抱えている状態といっても過言ではないでしょう。

まずはこの状態から脱するために、投資信託による資産分散をはじめることをオススメします。

投資信託には「バランス型」という、**これに投資するだけで日本・世界の多くの資産に分散投資できるも**のもありますので、とても簡単です。

資産の分散については、26ページで詳しく解説していますので、チェックしてみてください。

社会情勢が大きく変化していくこの時代、日本人にとって投資は絶対に不可欠なものとなっていくでしょう。

投資をはじめるのが早いほど良い2つの理由

1. 時間を味方につけられる

長く投資することで
資産はどんどん増える！

「複利効果」

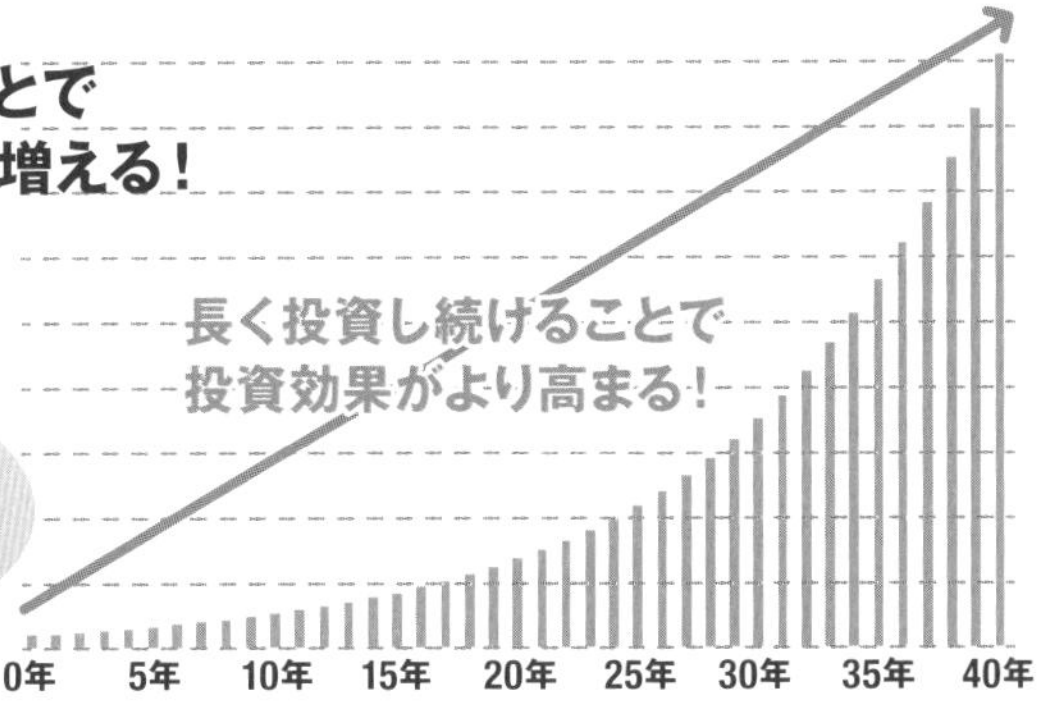

投資のリターンは『元本×期間×利回り』で決まる！
スタートが早いほうが、期間を増やすことができる

2. 簡単に資産を分散できる

銀行預金だけの場合　　　投資信託で分散した場合

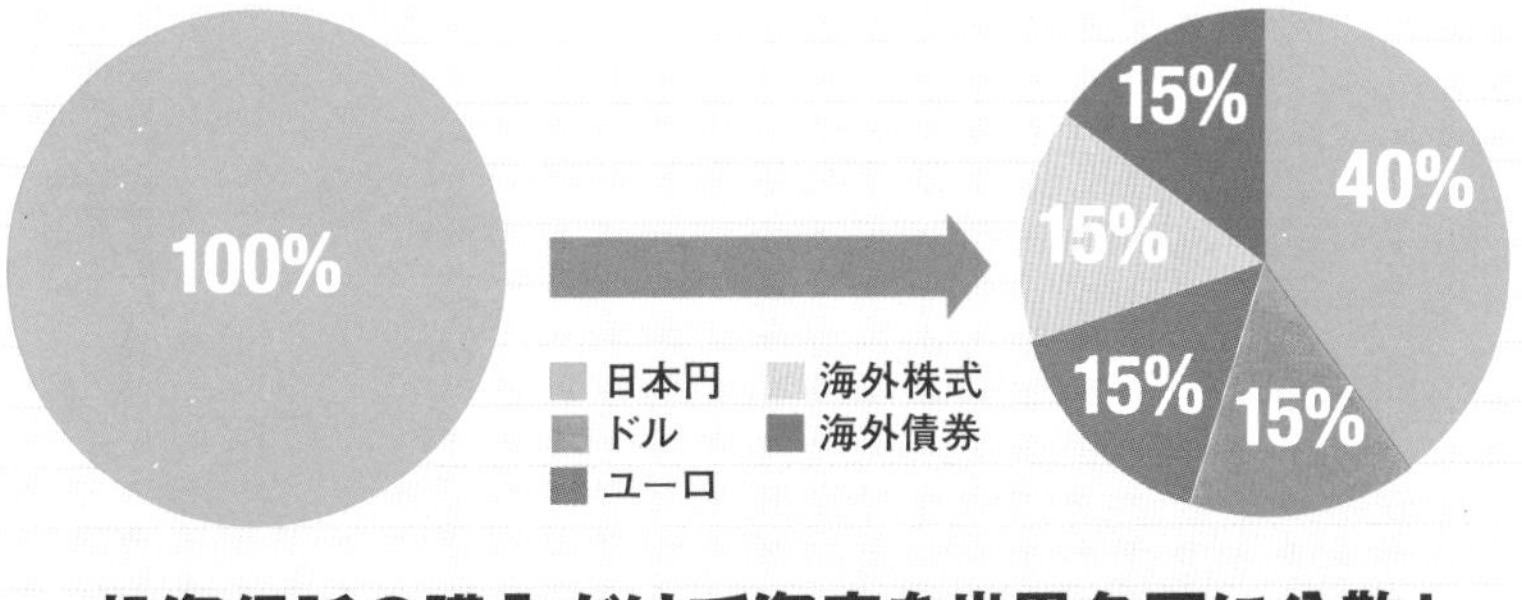

投資信託の購入だけで資産を世界各国に分散！

まずはリスクだらけの状態から脱出して、
安心して生活できる資産をつくっていこう！

注目！ＮＩＳＡ制度を活用しよう

ＮＩＳＡ制度という名前を聞いたことがあるかもしれません。

ＮＩＳＡとは、**一定の金額までの投資なら、税金がかからずに運用できる**制度のことで、多くの投資家がこの制度を活用しています。

利益に対する税金が免除される

例えば、投資で10万円の利益が出た場合、そのうちの20・315％、およそ2万円が税金として差し引かれ、受け取れるのは残りの約8万円です。しかし、ＮＩＳＡ制度を使っていた場合、この利益に対する税金が免除されることになり、10万円をそのまま受け取れます。

これは、投資をしていく上で非常に有利になる制度です。

より使いやすくなったＮＩＳＡ

投資家たちからの強い要望を受け、2024年からは今まで以上に使いやすく、そして長期投資に活用できるようになりました。

第3章でこの新しいＮＩＳＡ制度についてわかりやすく解説しているので、新制度がはじまると同時にスタートを切ることが可能です。

日本人なら無条件で利用可能！

ＮＩＳＡ制度は、日本人であれば誰でも無条件で利用可能です。**利用による制限やデメリットはほぼなく、**日本国内の投資家は、ほぼ全員が使っているといってもいいほどです。

これを使わないほうが損である、といってもいいでしょう。

日本の投資に対する税率は世界的にも高い部類に入ります。その中で数少ない節税制度であるＮＩＳＡ制度は、ぜひしっかりと活用しましょう！

新NISA制度で2024年から投資がよりお得に!

投資の利益にかかる税金	NISA制度を使うと税金が…
20.315%	0%！

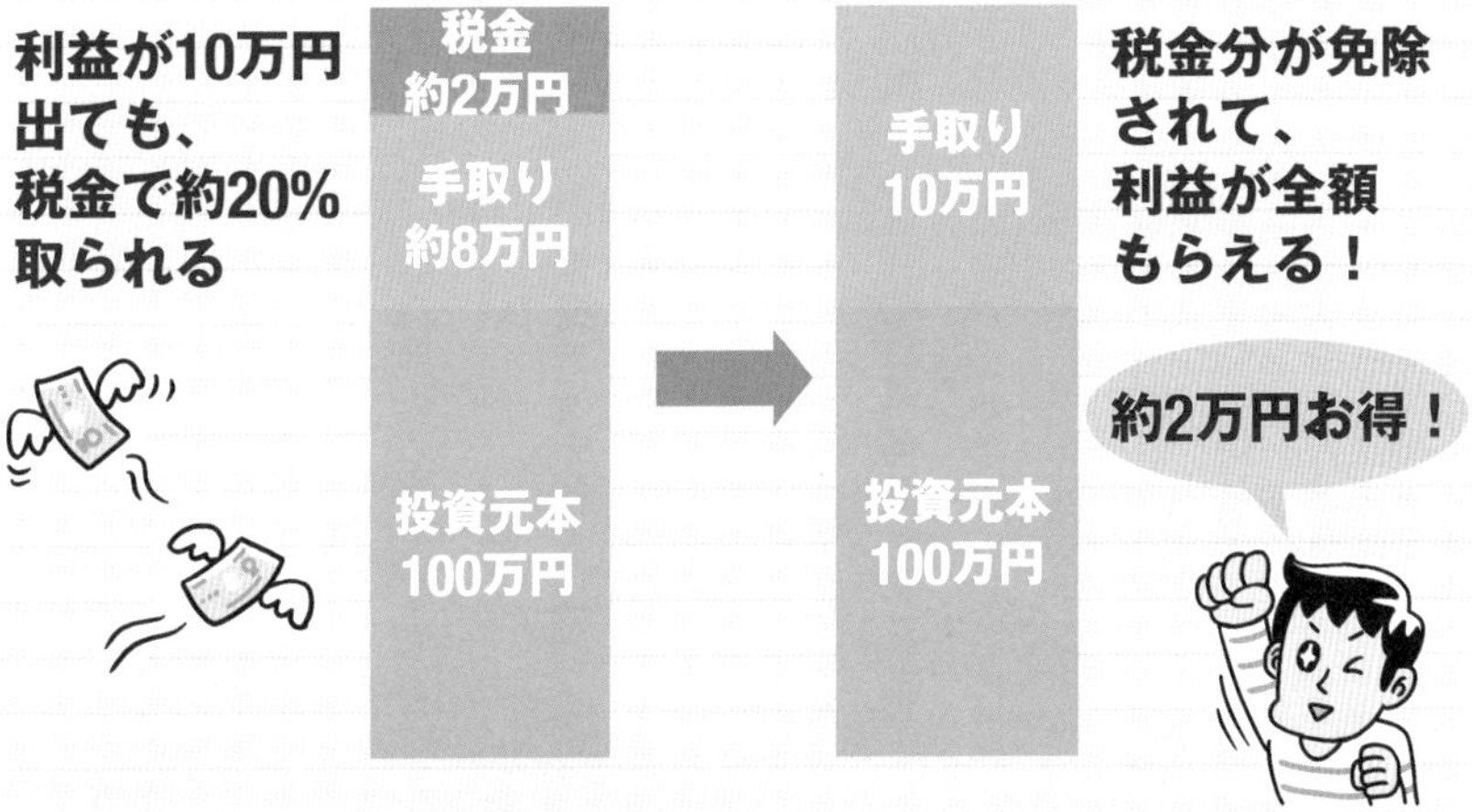
利益が10万円
出ても、
税金で約20%
取られる
税金
約2万円
手取り
約8万円
投資元本
100万円
手取り
10万円
投資元本
100万円
税金分が免除
されて、
利益が全額
もらえる！
約2万円お得！

新NISA制度の便利なポイント

1
1年間で
360万円まで
非課税に！

2
期限なく、
生涯にわたって
非課税！

3
複数あった制度が
1つに集約されて
わかりやすく！

投資家はみんな使っている制度、
必ず使って、お得に投資しよう！

iDeCo制度で老後に備えよう!

今、本書を読んでいるみなさんの中には、老後への不安や備えを気にされている方も多いはずです。一時期、「老後を健康的に過ごしていくには２０００万円以上必要だ」という提言が話題にもなりました。そこで、ここでは老後の備えとして活用できるｉＤｅＣｏ（イデコ）を紹介します。

自分用の年金ｉＤｅＣｏ

ｉＤｅＣｏは「個人型確定拠出年金」と呼ばれるもので、ズバリ「自分用の年金をつくるための制度」です。

この制度を使って毎月一定のお金を投資信託に投資しておき、**最終的に投資で増えた金額を、老後となる60歳以降で受け取る**ことができる、というものです。

ｉＤｅＣｏにもＮＩＳＡと同じように節税効果があります。投資した金額分が控除の対象になり、所得税と住民税を低くする節税効果。そして、投資信託の利益も非課税となり、有利に投資できる節税効果です。

税金をたくさん取られて大変な上に老後の備えも気になる……という人には、最適な制度といえるでしょう。満20~64歳までの日本人であれば、誰でも加入できます。

お金は60歳まで引き出せない

ｉＤｅＣｏのデメリットとして、投資したお金は**60歳になるまで引き出せない**点があります。

引退後の備えとしての制度で長期期間の投資を目的としているため、このような制限がかかっています。

しかし、老後の備えとしては非常に最適な制度ですので、ぜひ活用していきましょう。

iDeCoで老後に備えて、節税もしよう!

老後が心配…

老後に対する心配の第1位は
やはり「お金」の問題

1位	お金
2位	健康
3位	認知症

※出典：老後を変える全国 47 都道府県大調査（2022 年版）
https://www.metlife.co.jp/data/changerougo/japanproject/pdf/survey_report_2022.pdf

自分用の年金を運用していく
iDeCo制度が老後の備えとして最適！

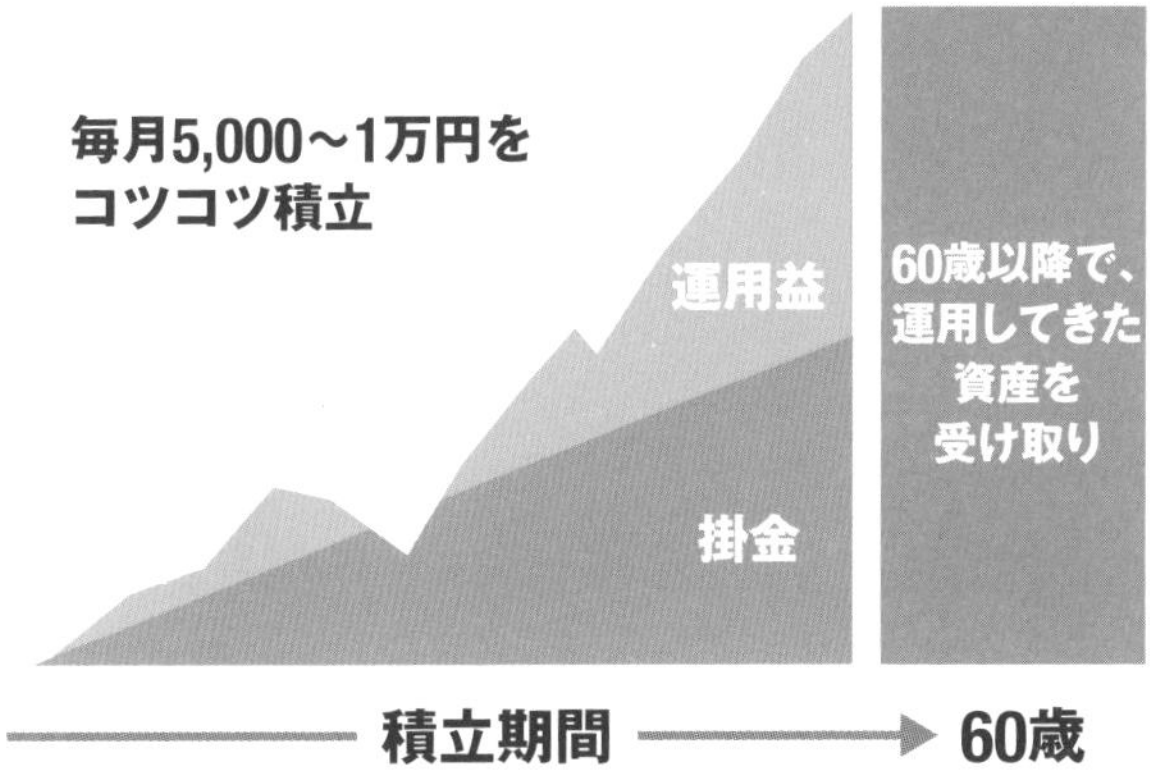

60歳以降の備え
として、
税金面でも有利に
運用できるのが
iDeCo制度!

メリット

投資したお金（掛金）全額が控除される ※上限あり

年間で約18,000円節税

「課税所得＝税金がかかる所得の金額」
が少なくなると、
毎年の所得税・住民税も低くなる
→投資しながら税金も安くなる！

老後だけでなく、
今の負担も軽減できる
とても有利な制度！

超ど素人がはじめる投資信託 第2版［目次］

巻頭特集 投資信託をはじめよう

第1章 投資信託のしくみとルール

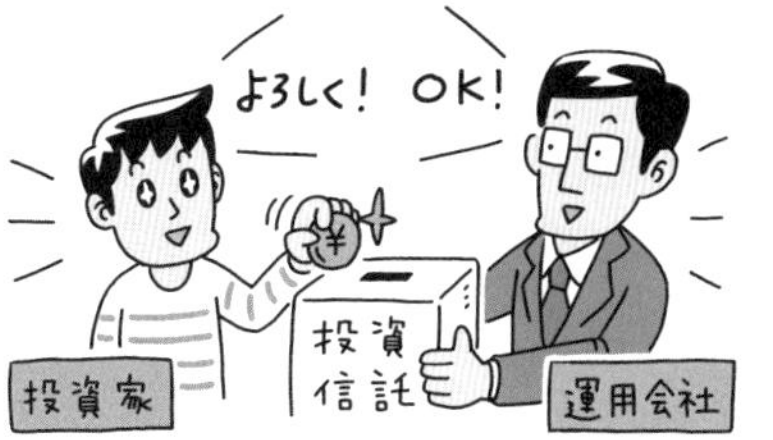

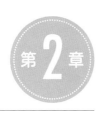

第2章 投資信託のはじめかた

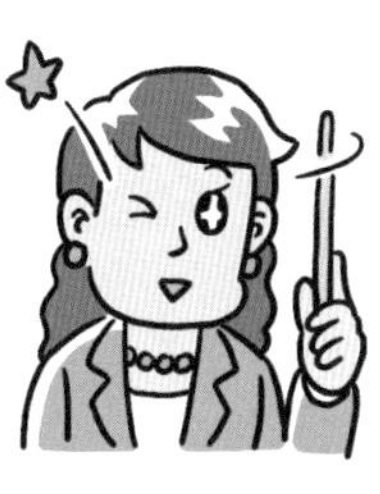

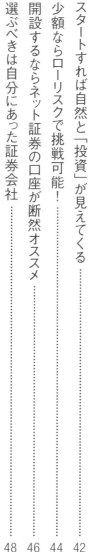

第3章 おさえておくべき投資信託のキーワード

第4章 投資信託の種類を見てみよう

第5章 怠け者流 投資信託を選ぶときのチェックポイント

第6章 怠け者流 オススメ運用法

はじめに

こんにちは！　ぼくは「20代怠け者」というペンネームで、投資に関する情報を、ブログやTwitterなどで共有しているフリーランスのライターです。

ぼくが投資をはじめたのはもう13年前の、２０１０年のことでした。投資信託からはじまり、新興国株、ＦＸ、米国株などを体験しながら２０２３年現在も、コツコツと投資を続けています。13年も続けてますので、おかげさまで、経済的な不安からも解消され、安心して日々、好きな場所で文章を書きながらお仕事をしています。

この本は、２０１７年に出版したものの内容を最新の情報に更新した改訂版となります。６年前と比べて、投資環境も、わたしたち日本人を取り巻く環境も大きく変わりました。特に大きく変わっているのが投資環境で、以前よりも投資しやすいように制度やサービスが改善され、投資家にとってはとても簡単に、そしてしっかりと儲けることができるようになってきています。

２０２４年から制度が大きく変わるＮＩＳＡ制度も、その流れの１つです。民間・国をあげて、投資環境を良くしていき、資産運用をしていきましょう、と促しているのですね。

断言できますが、６年前よりも投資の重要性は高まっています。「今、投資をはじめるかどうかが、今後みなさんが経済的に安心して生きていけるかの分かれ道」ですらあると思います。それほどまでに、投資をはじめるなら今すぐが最適です。「自分にはまだ早い」ではなく「早いうちからはじめないともったいない」と考えるべき時代なのです。

世の中には色々な投資方法がありますが、多くの人の目的である「投資で資産を増やして、安心を得る」という目的のためには、投資信託がベストです。本書は、投資信託について、フルカラーの図解をふんだんに使った、「一番初心者にわかりやすい投資の本」だと自負しています。

ぜひ、パラパラと本をめくっていただいて、気になったら、実際にお読みいただければ幸いです！

CHAPTER 1

第1章

投資信託のしくみとルール

01

難しいことは一切必要なし！

そもそも投資信託って何をするものなの？

この章では、投資信託の基本的なしくみやルールについて説明していきます。あくまで基本の内容なので、ここでしっかりイメージをつかんでおくようにしましょう。

投資信託は「選ぶ」もの

巻頭特集でも述べましたが、投資信託は**「投資家から集めた資金をプロが運用する商品」**です。お金を入れておく「箱」をイメージするとわかりやすいでしょう。

箱の中の資金で運用する対象は日本の株式や不動産、海外の債券など投資信託によってさまざまです。

運用する対象だけでなく、どのように運用するかの方針なども箱ごとに異なっており、投資家はそれぞれの投資信託の方針を見てどれを購入し、何に投資するかを選ぶことができます。

難しい運用はプロにお任せ！

投資信託では、投資家はお金を出すだけで、あとはすべてプロが運用するので、他の投資と違い、チャートの読み方やマーケットの動向などを勉強する必要がありません。

例えば、株式投資を個人で行った場合をイメージしてみましょう。

株式投資は個人単位で、自分の責任と方針で企業に投資をしていくものです。そのため、今後どの会社が伸びて利益を上げていくかなどを詳しく調べていく必要があります。

また、売買も自身で行う必要があります。日々相場に目を凝らし、買い時や売り時を見極めなければなりません。これには大きな手間がかかります。

投資信託の場合は、これら投資先の調査から資金の運用までをすべてプロに任せられるのです。

投資家は「選ぶ」だけ!

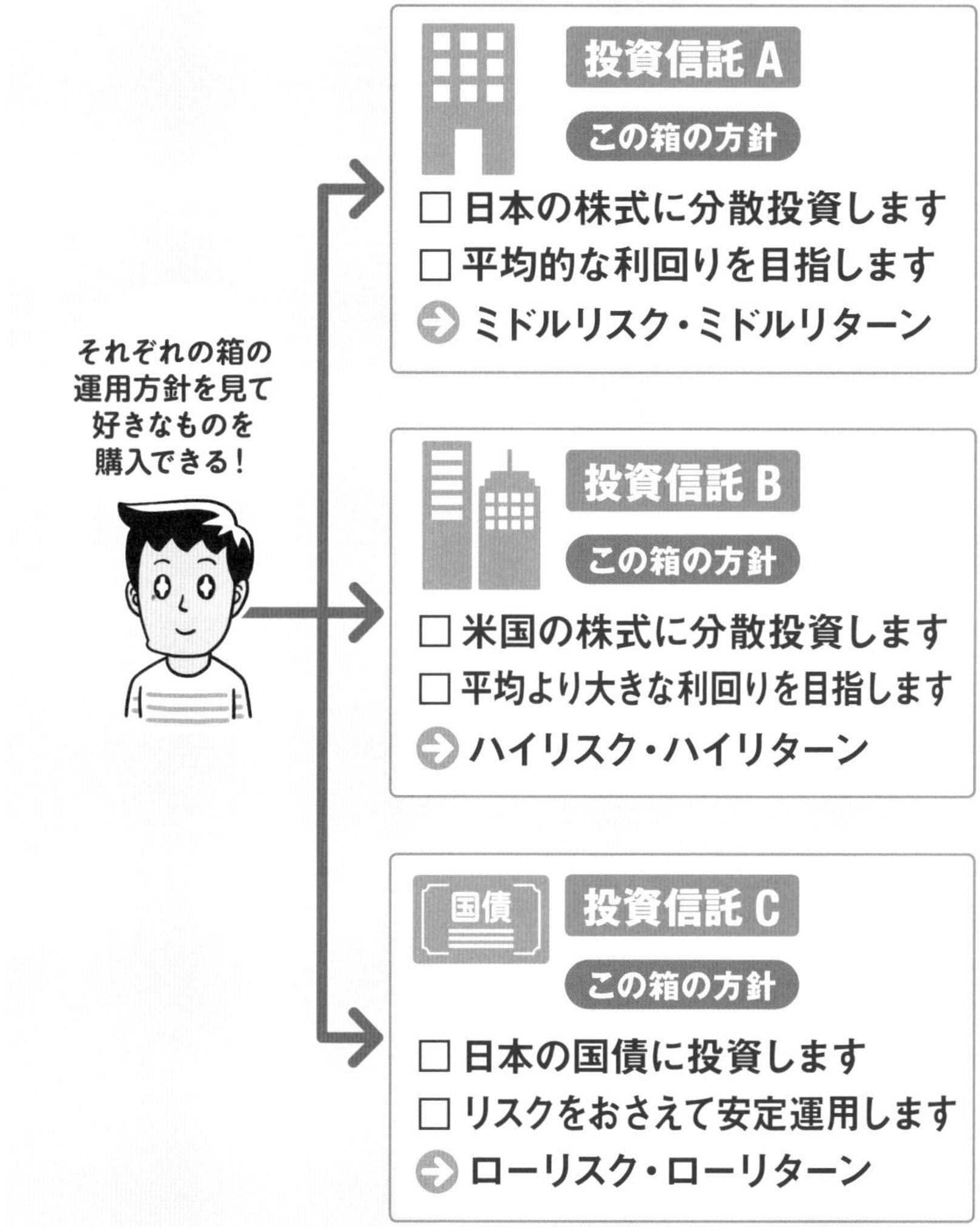
それぞれの箱の
運用方針を見て
好きなものを
購入できる!
投資信託 A
この箱の方針
□ 日本の株式に分散投資します
□ 平均的な利回りを目指します
ミドルリスク・ミドルリターン
投資信託 B
この箱の方針
□ 米国の株式に分散投資します
□ 平均より大きな利回りを目指します
ハイリスク・ハイリターン
国債
投資信託 C
この箱の方針
□ 日本の国債に投資します
□ リスクをおさえて安定運用します
ローリスク・ローリターン

Point

投資信託はラクチン!
難しい運用はプロに任せられるから
やることはほとんどなし!

02

再投資することで利益が増えていく！

投資信託のお金の流れを知ろう

投資信託のお金の流れがどのようになっているのか、先ほど述べた「箱」というイメージを使って説明していきます。

投資家は「箱」にお金を入れるだけ

まず投資家が投資信託という商品を「販売会社」から購入すると、「箱」の中に資金が注入されます。箱の中の資金を決められた方針に沿って運用を行う「ファンドマネージャー」が株式や債券に投資していきます。

株式や債券を運用していくと、配当金や金利収入、株式の値上がりによる利益などが発生します。一般的な投資信託の場合、それらの利益は再び箱の中に投入され、市場に投資するための資金となります。

これが**「再投資」**で、投資家から集めた資金＋利益を運用することで、資産は大きくなっていきます。

このように、投資信託は再投資を繰り返していくことで資産を増やしていくしくみなのです。

こうして増えた資金を、投資家のみなさんは**好きなタイミングで売却することができます**。まとまったお金が必要なとき、利益が大きく出ているので現金化しておきたいとき、などですね。

「買う」か「売る」を選ぶ

再投資型の投資信託の場合、こうして売却してはじめて、投資家は利益を得られるということになります。いずれにせよ、**投資家のみなさんがやることは「買う」か「売る」、この2つのみ**です。

運用そのものはファンドで決められたルールに従って投資されるため、細かい銘柄選定や資産のチェックなどはする必要があります。

投資信託のお金の流れとしくみ

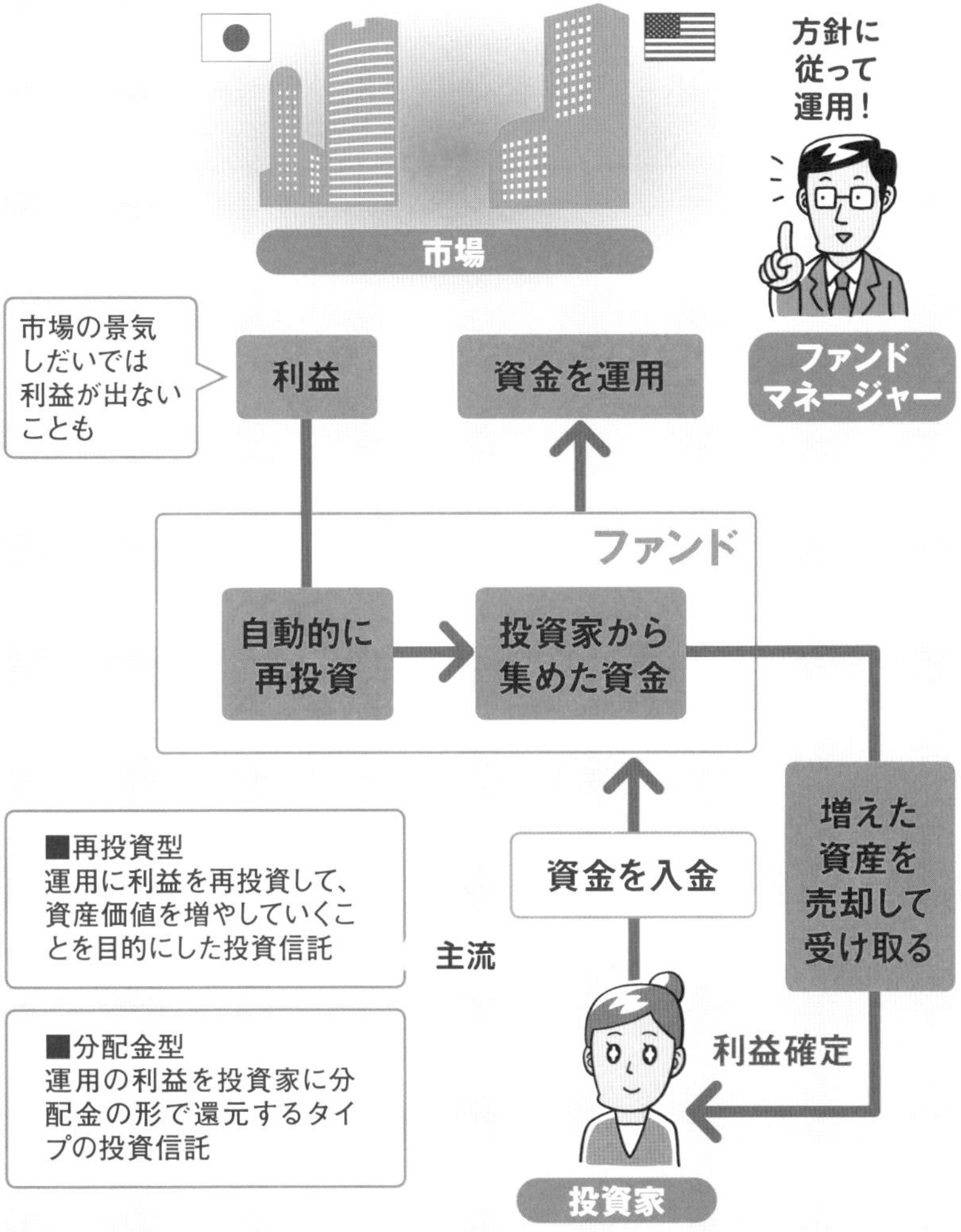

市場
方針に従って運用！
ファンドマネージャー
市場の景気しだいでは利益が出ないことも
利益
資金を運用
ファンド
自動的に再投資
投資家から集めた資金
資金を入金
増えた資産を売却して受け取る
利益確定
投資家
■再投資型
運用に利益を再投資して、資産価値を増やしていくことを目的にした投資信託
主流
■分配金型
運用の利益を投資家に分配金の形で還元するタイプの投資信託

Point

投資家がするのは2つだけ！
・投資信託を買う（入金）
・投資信託を売る（利益確定）

03

資産を手軽に分散し、リスク管理ができる

投資信託を買うと、自分の資産はどうなるの？

投資家が投資信託を買うと、実際に資産がどうなっていくのかを詳しく見てみましょう。

資産が分散的に投資される

例えば、日本国内株式の指標である「日経平均株価」は、日本国内の主要な株式２２５銘柄が登録されています。

「日経平均株価に沿って分散投資する」方針の投資信託を購入した場合、資産はその時点で２２５銘柄に分散的に投資をしたことになります。２２５銘柄あるので、**特定の銘柄1つが暴落しても、分散効果によってリスクをおさえることが可能**です。

国内だけでなく、外国株式や債権、各国の不動産、純金などのさまざまな資産に投資するものなど、種類は豊富です。投資信託の場合は個別の銘柄を選ぶというよりも、資産の種類単位で分散投資する先を選ぶと考えておくと、わかりやすいです。

世界中の資産に投資できる

また、特定の国だけに限らず、世界中のあらゆる資産に分散して投資していく投資信託もあります。

「バランス型」という種類の投資信託ですが、これは「国内の株式」「海外の株式」「海外の債権」「国内の不動産」など、複数の資産に均等の割合で投資する、というものです。

これであれば**特定の国が破綻したり、株式市場が世界的に暴落したりしても、全世界のあらゆる資産にまたがって分散しているのでリスクをおさえることができます。**

まず「自分の資産を分散してリスクをおさえたい」場合には、このバランス型が非常に便利ですね。

投資信託で簡単分散投資！

「日経平均株価」に含まれる主要銘柄

ユニクロ（ファーストリテイリング）　トヨタ　ソニー
NTT　KDDI　任天堂　セブン&アイ
伊藤忠　ホンダ　花王　スズキ　第一三共
JT　ファナック　キヤノン　アサヒ　資生堂
JR東日本　丸紅　京セラ　野村ホールディングス
セコム　日本郵船　ニチレイ　キーエンス

投資信託という
箱を1つ買うだけで
日本の225銘柄に
分散投資できる！

他にも……

米国株式全体に投資する投資信託

全世界の株式に投資する投資信託

株式や債権など幅広く投資するバランス型投資信託

投資家がやることはシンプル

①証券会社の口座をつくる
②投資信託を決定する
③毎月の積立金額を設定する

これだけで、あとはほったらかし&分散投資！

分散投資することで、1社が暴落・倒産しても、
共倒れするリスクを下げることができる！

Point

分散投資はファンドを1つ買うだけでOK！
手間もかからず、とても簡単！

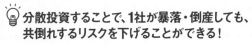

04

価格変動リスクとカントリーリスクについて知ろう

投資信託でも油断は禁物！気をつけたいリスク①

さて、投資信託は元本が保証されているものではないため、リスクも存在しています。購入する前に、必ずひと通りリスクはチェックしておきましょう。

価格変動リスク

例えば株式の場合、株価が日々変動します。上昇だけでなく下がっていく場合ももちろんあり得ます。こうした、「購入時よりも価値が下がってしまう可能性」を、「価格変動リスク」といいます。

株価は会社個別の問題で変動する場合と、市場全体の動向によって変動する場合があります。

２００８年に起きたリーマンショック、２０２０年のコロナショックといった、世間的に景気が後退して株価が全面的に下落する状況の場合、**分散投資している投資信託であっても価値が下がってしまう**のです。

カントリーリスク

カントリーリスクは読んで字のごとく、国に対するリスクです。

特定の国の市場や通貨に投資するタイプの投資信託で発生するリスクで、**その国特有の問題（事件、政治、自然災害など）で経済状況が悪化したときに、価格が下落する可能性が**あることを指します。近年では、ロシアによるウクライナ侵攻によってロシア株式は暴落しました。

中国でも独裁体制の強化やコロナウイルスによる経済停滞などで株価が下落するなど、国特有の問題でその国の株価全体が下がることがありました。

新興国への投資は、リターンも大きい分、リスクも大きいので注意しましょう。

投資信託にもリスクはある!

価格変動リスク

**投資したものの
価値が購入時より
下がってしまうリスク**

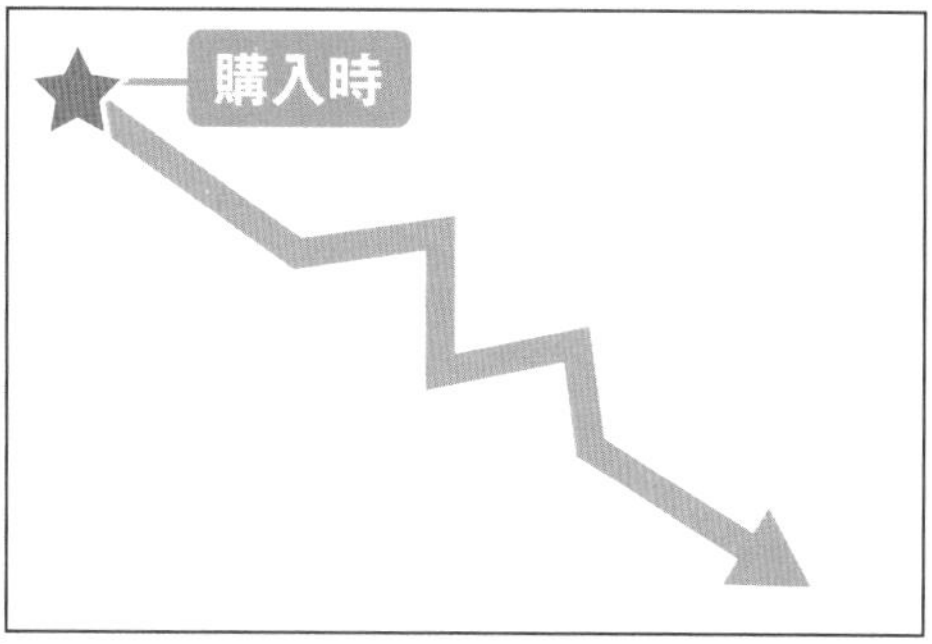

株価は
常に変動する!

株価が上がって得をする可能性もあるため、
価格変動リスクはチャンスでもある

カントリーリスク

**ある特定の国特有の
問題が発生するリスク**

- 戦争・内乱
- 政権交代による政策変更
- 不透明な投資ルール
- 財政破綻（デフォルト）

■ロシアのカントリーリスク

・ウクライナ侵攻
・それによる原材料やエネルギーの価格の上昇
→さらなる戦争に発展すれば、世界経済にも大きな悪影響!

■中国のカントリーリスク

・突然の政策変更など、経済や投資環境が不透明な部分が多い
・台湾侵攻の可能性（地政学的リスク）
・中国経済の崩壊による世界的な経済への影響
→経済規模も大きいため、日本経済も大きく影響を受ける

大国が抱える
リスクが表面化すると、
世界経済にも
影響を与える!

Point

**リスクがあるからリターンがある
怖がらずに、しっかり知ることで回避可能**

05

為替変動リスクはうまく活用すれば儲けることも可能

投資信託でも油断は禁物！気をつけたいリスク②

価格変動リスクやカントリーリスク以外にも、気をつけたいリスクがあります。為替変動リスクです。

為替変動リスク

米ドルやユーロなど、通貨のレートは日々変動しています。米国の株式など海外の資産の場合は、日本円をドルに交換してから購入し、売却する際はドルを日本円に交換して受け取ることになります。

投資信託は基本的に「日本円」で表示されるため、海外の資産の場合、為替レートによっても価格が変動します。**米国株式の投資信託を購入したあとに「円高・ドル安」になるとドル資産の価値が下がる**ため、米国株式の価値も下がります。

投資信託を売却する際に為替レートが購入時よりもドル安に動いていると投資信託の価値も目減りしてしまうのが為替変動リスクです。

うまく活用すれば思わぬ利益も

一方、為替変動は、場合によっては大きなリターンをもたらします。**米国株式の投資信託を購入後に「円安・ドル高」になれば、米国株式の価値も上がります**。２０２２年には大きく円安になり、一時１ドル１１５円→１５０円まで変動しました。

この変動以前に米国ドル建ての資産を持っていた人は、為替変動により大きく儲かったことになります。

ちなみにこの為替変動リスクは**海外へ投資する場合のみで、国内株式や債券などには影響しません**。

日本円で日本の資産を購入・売却する場合は、ドルレートがいくら変動しようとしまいと、価格に関係ないのです。

海外への投資は為替変動リスクに注意

為替変動リスク

為替レートの変動により価値が下がるリスク

日本国内の
投資の
場合は影響を
受けない！

日本円と投資対象の国の為替レートが影響する

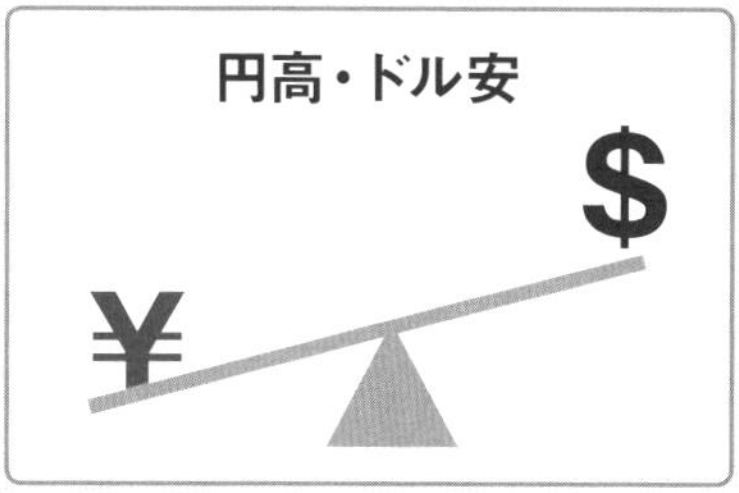

1ドル：100円→80円

・円資産が高くなる
・ドル資産が安くなる
→米国資産の価値が下がる

逆に為替変動で儲かる場合も！

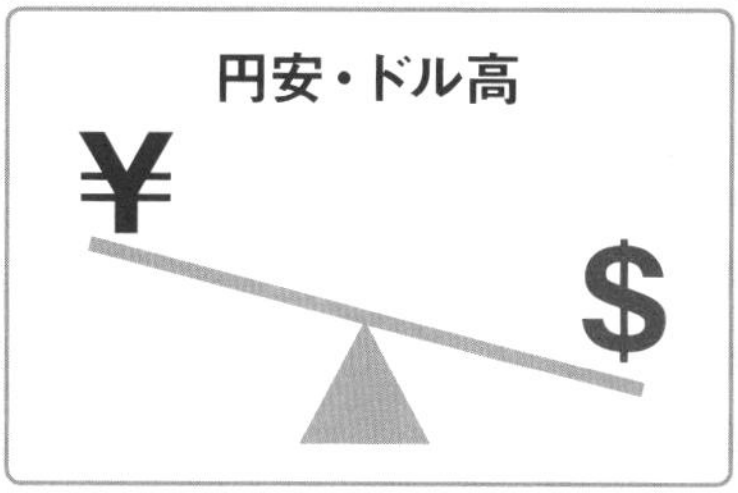

1ドル：100円→120円

・円資産が安くなる
・ドル資産が高くなる
→米国資産の価値が上がる

2022年には一時、115円→150円まで下落！
実に30%も急激に変動したことに

↓

日本円資産を持っていた人は損をし、
ドル資産を持っていた人は得をしたことになる！

2022年1月	115円
2022年4月	122円
2022年7月	138円
2022年10月	150円

「USDJPYチャート（2022年）」

Point

世界中の資産に分散投資すると、
為替変動リスクの影響も受ける。
為替のニュースは日々チェックしよう！

→為替変動リスクを避ける「為替ヘッジ」というしくみもある（80ページ）

06

資産はしっかり保護されるから安心して投資できる

会社がつぶれてしまっても資産は保護される！

株式投資などでは、投資している企業が倒産してしまうと資産価値を失ってしまいます。

同じようなことが投資信託でもあるとしたら、落ち着いて投資できませんよね。

しかし、**投資信託においては、投資信託を運用している会社がつぶれてしまっても、投資家の資産は保護される**のです。

運用資産と投資家のお金はわけて管理されている

投資信託に関わっている機関は大きくわけて「販売会社」「運用会社」「信託銀行」の3つがあります。

このうち販売会社と運用会社は、実際に投資家の資産を管理しているわけではありません。

そのため、この2つが破綻したとしても、投資家の資産には影響はありません。

ただし、運用会社が破綻した場合はこれまで通りの運用ができなくなり、資産は払い戻しされます。

資産を実際に管理している信託銀行が破綻した場合でも、「銀行自身の資産」と「投資家の資産」を別に管理する「分別管理」が法律で義務付けられているため、投資家の資産は保護されます。

資産が減らないというわけではない

しかしながら、資産が保護されることと元本が保証されることは別の話です。ここまで解説してきたような、その他の価格変動リスクやカントリーリスク、為替変動リスクによる資産価値の変動は常につきまといますので、気をつけてくださいね。

投資家の資産が保護されるしくみ

信託銀行
保護対象
信託銀行の資産
投資家の資産
投資家の資産は
個別に保護されて
いるので
破綻しても大丈夫！
運用会社
販売会社
運用だけを
担当！
投資家の資産は
管理していないので
破綻しても大丈夫！
販売だけを
担当！

Point

株など対象に直接投資するものと違い
関係機関の倒産・破綻で
資産が失われることはない！

07

資産を増やすなら再投資型！

投資信託2つのタイプ 毎月分配型と再投資型

投資信託には、大きくわけて「毎月分配型」と「再投資型」の2つがあります。

定期的に利益が入る「毎月分配型」

「毎月分配型」は毎月の決算タイミングで、投資の利益が分配金として投資家に入金されるものです。毎月、決まった日に利益が振り込まれるので、これを不労所得として得ることも可能です。

気をつけたいのは、**毎月分配型は資産を増やすことには向かない**ことです。資産を運用している間は運用による利益がない月もあります。しかし利益がない場合でも分配金が支払われるため、その分元本を削って分配金を支払う動きをすることになります。実際には元本を切り崩しながら一定の金額を得ていることになるのですね。元本を切り崩すということは、「元本を増やしていく＝資産を増やしていく」という目的にそぐわないのです。

利益をそのまま回す「再投資型」

「再投資型」は投資信託の主流、運用の利益をそのまま同じ投資対象に再投資することで、複利効果で増やしていく投資信託です（複利については40ページを参照してください）。

100万円の投資で得た5万円をさらに投資に回せば、次の年は105万円で投資することができます。

投資元本が大きいほど大きな利益を生むことができるので、こうして**再投資で元本を増やしていくことで、コツコツと資産を増やしていくことが可能になります。**

本書は資産形成を目的に解説していますので、再投資型の投資信託を対象に説明しています。

「毎月分配型」と「再投資型」の違い

毎月分配型

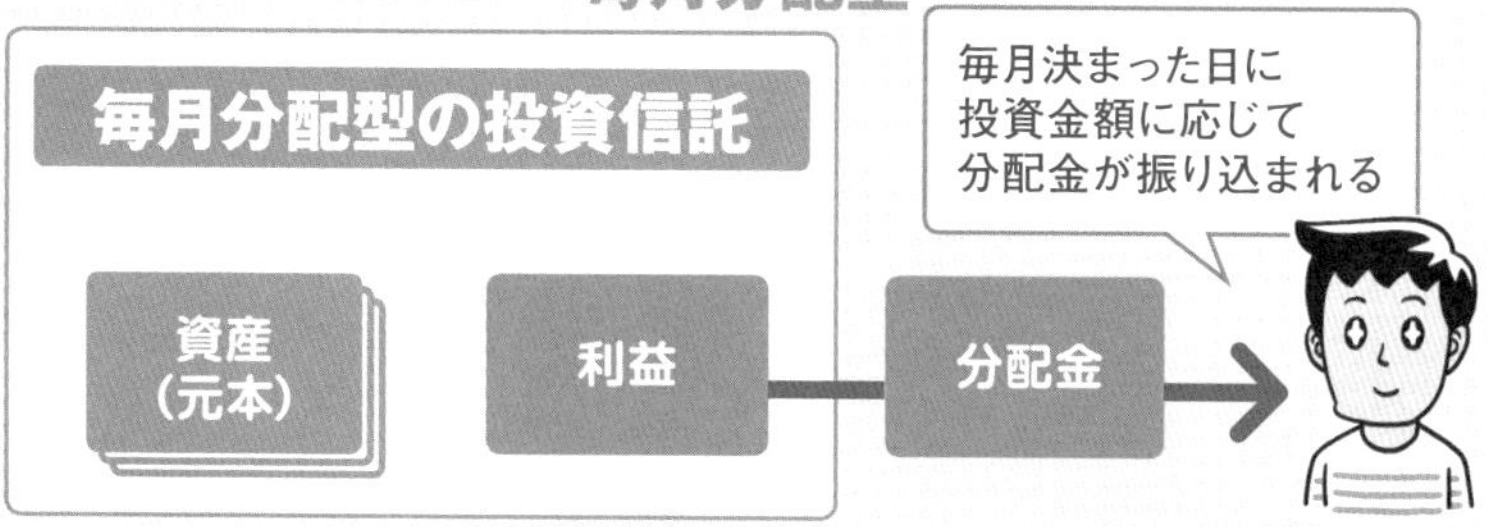

毎月の生活費やおこづかいになる

利益がない月は元本を切り崩して分配金を支払うため、元本が減りやすいことに注意（資産形成に不向き）

再投資型

分配金は受け取れない

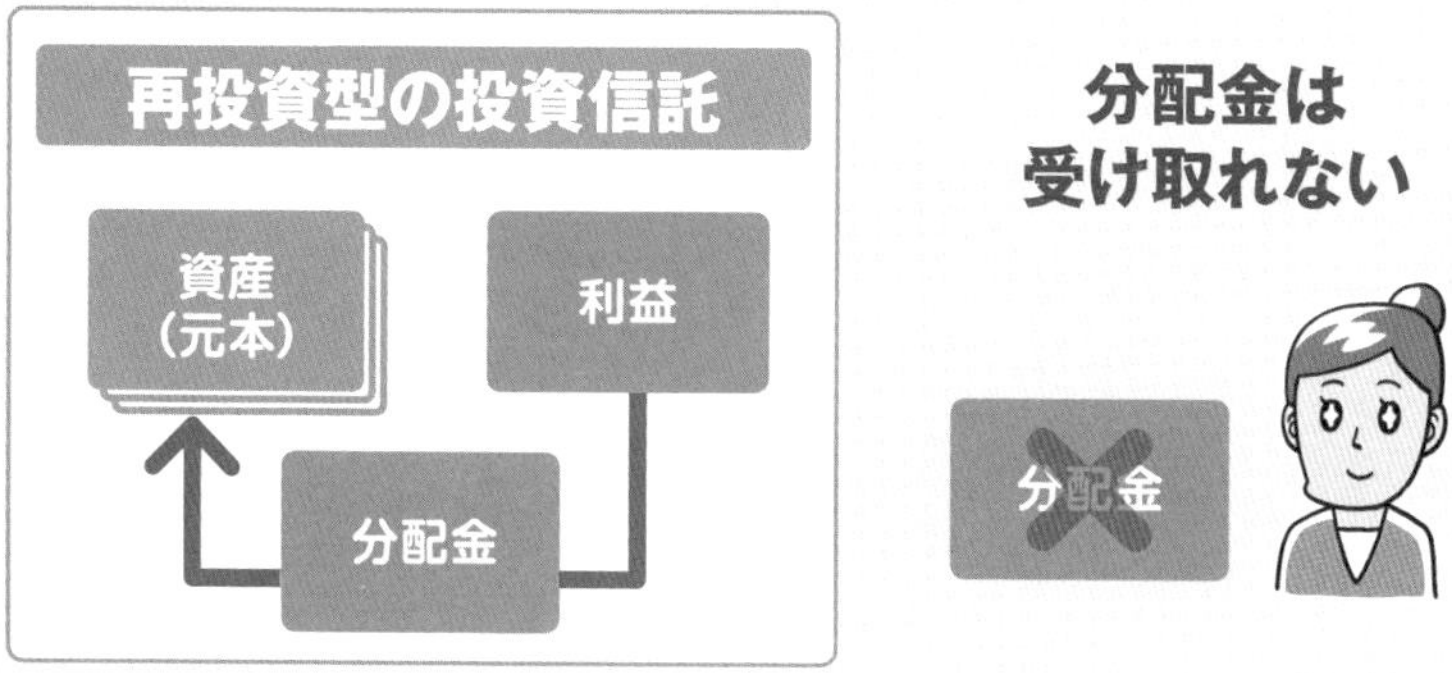

配当金は受け取れないが、利益を自動的に再投資して元本を育てていく
今後の蓄えをつくっていくにはこのタイプが最適！

利益をさらに投資に回すと、複利効果（40ページ）によって毎年の利益がどんどん大きくなっていく！

Point

分配金を受け取るとそのたびに税金もかかるため、税金を支払わずに再投資できる後者がオススメ

08

同じ対象に投資するものでも手数料は違う！

投資信託にかかるコスト①できれば避けたい手数料

さて、投資信託で最も注意したいのは、コストです。投資信託では資金の運用をまとめて依頼するわけですから、その運用費を投資家が負担する必要があるのです。

具体的には、**売却時の税金も含めて4つのコストがかかる**、ということを覚えておきましょう。

購入時のコスト「買付手数料」

買付手数料は投資信託を購入する際に、販売会社に支払うことになるコストです。「購入金額の○％」という形式で購入時に支払います。

この買付手数料は会社や投資信託ごとに異なり、同じ投資信託を買うのでも販売会社によって買付手数料がかかるところとかからないところがあります。

そのため、買付手数料がかからない販売会社を使って投資信託を購入するほうがお得、ということになります。検索機能を使って手数料の低い順に探したり、ファンドシリーズを探したりしてみましょう。

保有している間にかかるコスト「信託報酬」

投資信託を保有している間、その**資産額に応じてかかるランニングコストが信託報酬**です。

投資信託は資産の運用を運用会社にお願いするので、その運用手数料がこの信託報酬と考えればわかりやすいかと思います。「年率○％」という形で設定されていて、保有している間ずっと日割りで毎日、自動的にコストとして差し引かれます。

買付手数料と同じく、ほぼ同じ対象に投資する投資信託どうしでも信託報酬が大きく違う場合もあるので注意しましょう。

手数料は必ずチェックしよう

買付手数料 ➡ 購入時のコスト

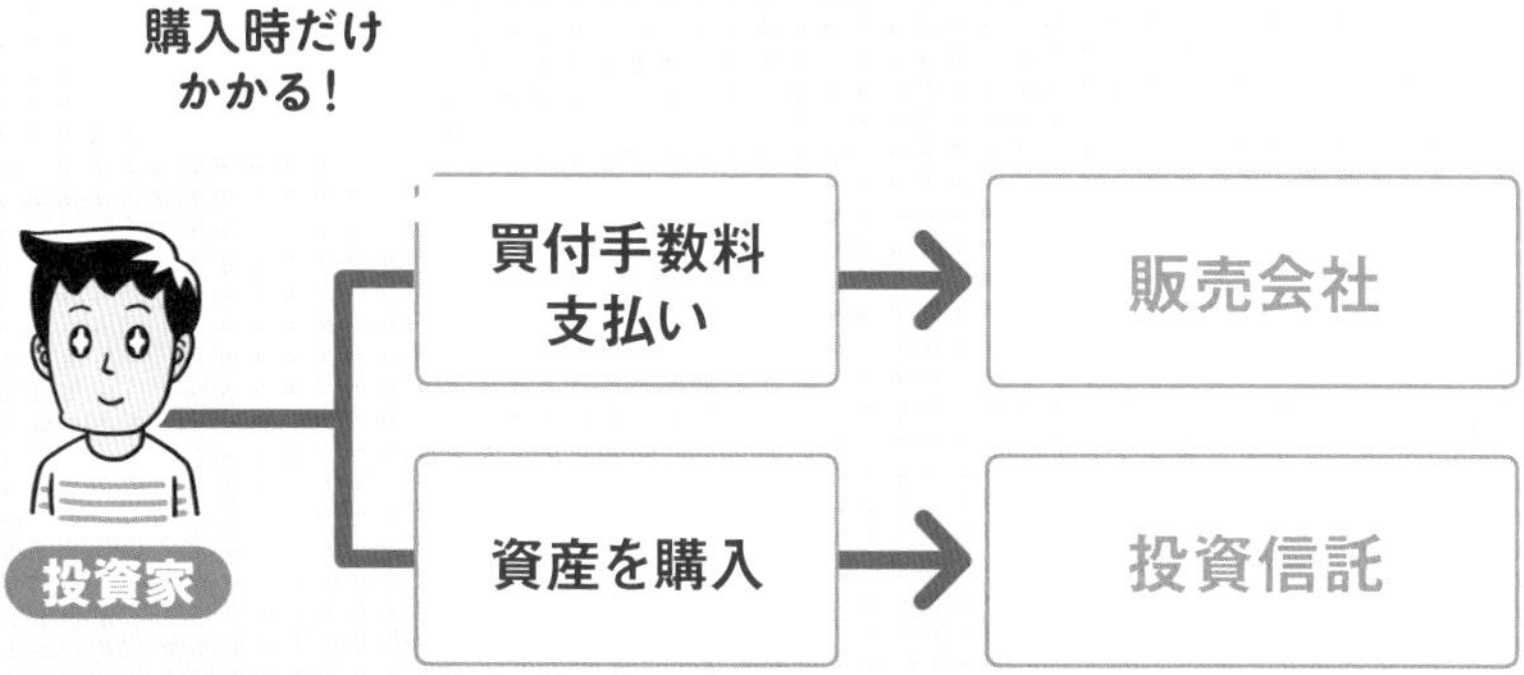

※近年は買付手数料がないファンドのほうが多い！
→現在の主力は手数料なしの「ノーロード」ファンド

信託報酬 ➡ 保有している間にかかるコスト

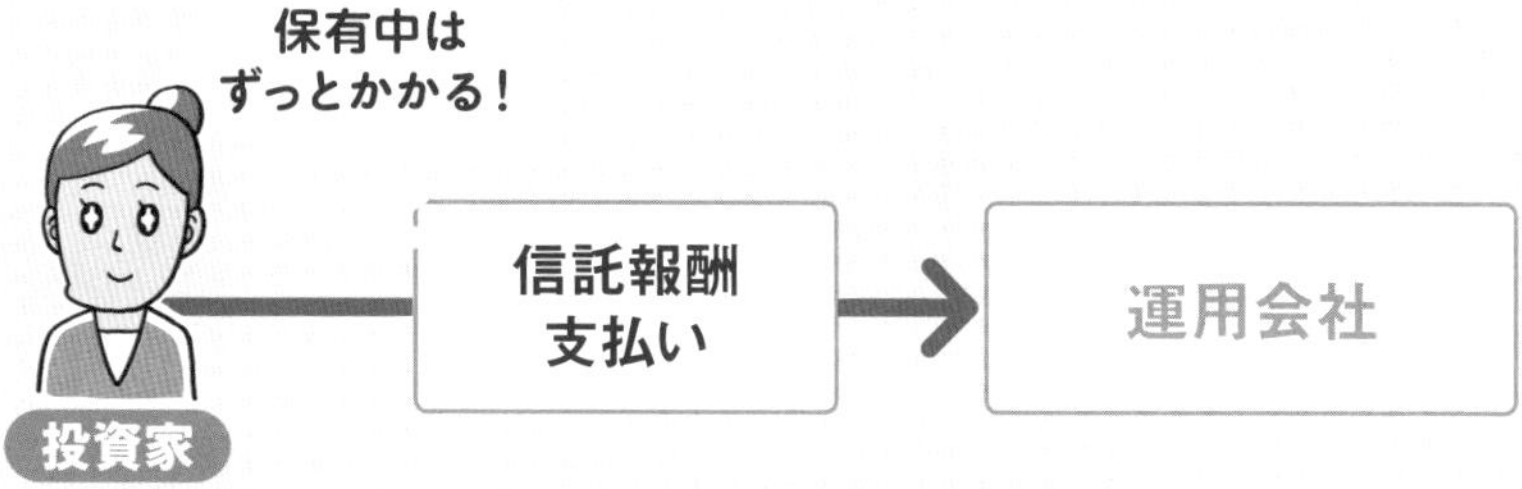

信託報酬は年率◯%と記載される
→みなさんが保有している金額から、1年間でこの割合が手数料として差し引かれる！

※保有額が100万円で信託報酬が0.1%だった場合、年間手数料は1,000円

Point

**同じ対象に投資する投資信託でも、
手数料が違う場合があるので要チェック！
必ず手数料が低いものを選ぼう**

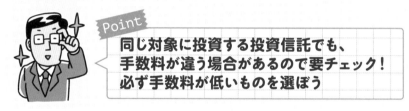

09

税金は主に「売却時」にかかることを理解しよう

投資信託にかかるコスト②
利益にかかる税金

売却時にかかるコスト「信託財産留保額」

投資信託の売却（解約）時にかかるコストについて解説していきます。

投資信託のしくみ上、頻繁に解約されると安定的な運用をする上での妨げとなってしまうため、信託財産留保額は解約時のペナルティとして設定されている場合があります。

こちらも「売却金額の○%」という形式で設定されています。そして、これも投資信託によってコストに差があるので、購入前に確認しておきましょう。

売却益にかかる税金「投資信託の税金」

投資信託で得た利益には当然ながら税金がかかり、**売却した利益に対して20・315%」の税金が引かれます。**

覚えておきたいのは、これは「売却時にのみ」かかる税金ということです。**運用していて利益が出た場合でも、売却して利益を確定しない限り税金はかかりません。**

34ページで解説した毎月分配型も、利益を分配金として払い出す場合に税金がかかるので注意しましょう。

また、あくまで利益にかかる税金ですので、投資信託が目減りした状態などで売却をした場合は、税金はかかりません。

以上が投資信託でかかる4つのコストです。

コストによって投資信託のパフォーマンスは大きく左右されるので、どの投資信託を選ぶべきかはコストによって決まる、といっても過言ではないでしょう。

売却にもコストはかかる

信託財産留保額 ➡ 売却時にかかるコスト

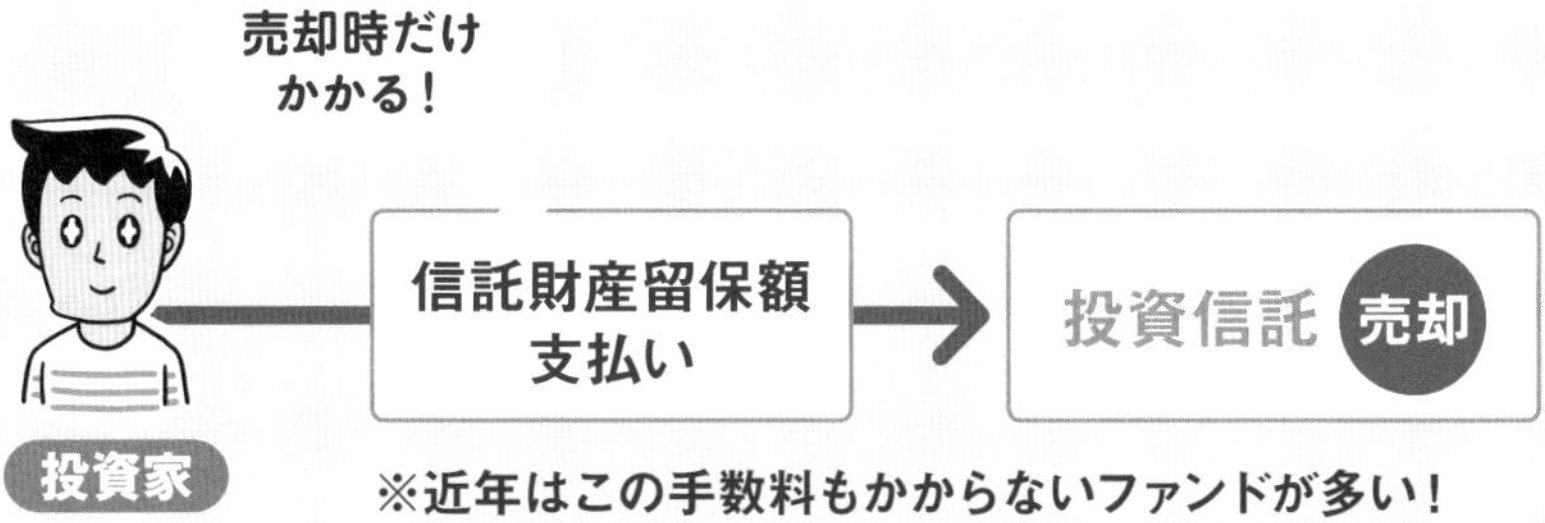

※近年はこの手数料もかからないファンドが多い!
→手数料が0%のファンドを探そう

税金 ➡ 売却した利益にかかるコスト

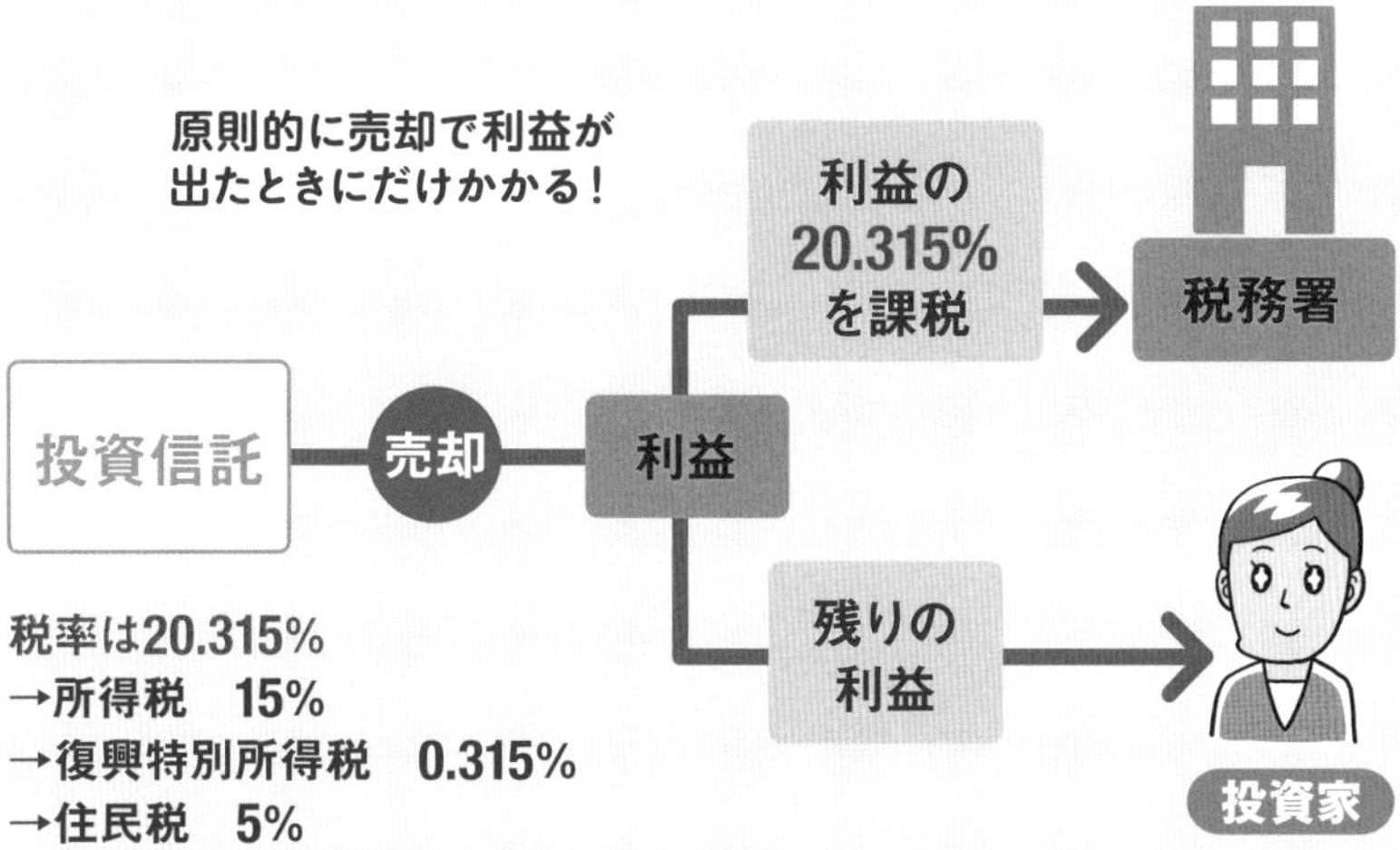

Point

投資信託はコストによってリターンが大きく変わる。無駄なコストを払うことがないよう、しっかりファンドを比較しよう!

COLUMN

単利と複利

運用の利益には「単利」と「複利」の2つの考え方があります。

単利

単利とは、投資の元本だけにつく利息のことを指します。

例えば利回り5%の投資信託を100万円運用した場合、年5万円の単利がつきます。2年目も、同じ100万円を運用して利益する場合、5万円の単利となります。そして、3年目以降も、同じ金額なら、同じ金額の利益が出ます。

仮に5年間、同じ条件で運用し続けた場合は5年×5万円＝25万円が利益です。

複利

単利に対して複利は、発生した利益を元本に組み入れて、元本を徐々に増やしながら運用していく考え方です。利回り5%の投資信託を100万円運用した場合、1年目の利益は5万円で、単利と同じです。

この利益をそのまま元本に組み入れて、2年目は105万円で運用すると、2年目の利益は5万2500円と、昨年より利益が増えていることがわかります。

こうしてどんどん元本を増やしていくと、毎年の利益もどんどん増えていきます。

5年間続けた場合の、最終的な合計利益はこのようになります。

単利：25万円　複利：32.8万円

複利で投資する場合、投資期間が長くなればなるほど、最終的な利益は大きくなります。これが投資の世界でよくいわれる「時間を味方につける」という考え方なのですね。

CHAPTER 2

第2章 投資信託のはじめかた

01 スタートすれば自然と「投資」が見えてくる

まずは一歩目を踏み出してみることが大事

いきなりですが、ぼくはやりながら投資を学ぶことをオススメしています。

あれこれ悩まずにまず実際にはじめてみることで、投資に対するアンテナが自然に張られていくからです。

迷っているだけではわからないまま

一方で、投資をはじめることになかなか踏み出せない人が多くいるのも事実です。

投資をはじめられない大きな理由は、やはり「よくわからないから」だと思います。

よくわからない上に、失敗すればお金を損する可能性もある。そうなると、どうしてもなかなか踏み出せないですよね。

しかし、何事もはじめてみなければわかりません。

ワンコインからスタートできるから大損しない！

投資信託はワンコインからでもスタートできます。いきなり大金を賭けて大損してしまっては、勉強にもならずに退場してしまうことになりますが、５００円や１０００円程度の損であれば、今後のための「勉強料」として割り切ることもできるでしょう。

実際にはじめてみれば、資産が上がった・下がった原因は何か？など、いろいろなことが気になって、市場の動向や社会に目を向けるきっかけにもなります。そこが投資のスタート地点です。

まずはスタートしてみること。本書および、特にこの章では、その投資の第一歩をお手伝いしたいと思います。

とりあえずはじめてみよう!

難しい単語ばかりで
よくわからない……

「基準価額」
「信託報酬」
「為替ヘッジ」
「ETF」
「リバランス」etc.

もっと勉強して
からでないと
はじめられなそう

投資信託なら100円からでも投資可能!

- ☑ 少額なら低リスク
- ☑ 実際の値動きを見て学べる
- ☑ 細かい単語は投資しながら覚えていこう

「自分にはまだ早い」と
二の足を踏むほうが、
時間がもったいない

※投資は早くはじめたほうが有利になる点にも注目(8ページ)

Point

はじめるのが遅い人も早い人も、
いずれ必ずこれまでの投資結果が問われる。
まずはスタートを切ってみて、学んでいこう

02 少額ならローリスクで挑戦可能！

小さな額からコツコツとはじめてみよう

投資信託は最も安いものだと１００円から参加することができる投資です。

例えば、**株式投資などは最低でも5〜10万円ほどが必要です。比べてみると投資信託はかなり少額からはじめられるものだとわかります。**

いきなり大金を動かさない

まずは最低金額の１００円、可能なら1万円くらいから買ってみて、値動きを眺めてみるのが良いと思います。

それに、もし購入したものの価値が下がり、1万円が８０００円になったところで、２０００円程度の損であれば、絶望するほどの金額ではありませんよね。

ただ、これが１００万円だったらどうでしょう。価値が80万円に下がった場合は20万円の損失です。これほどの額になると、ダメージも大きくなってしまいます。

退職時にまとまって得たお金などで行ったはじめての投資で、大きな金額を投じてしまう人も少なくありません。

そうしたときに、いきなり大金を運用し、大損をしてしまっては、立ち直ることができないばかりか、生活することもままならなくなってしまいます。

こうした危機に陥らないためにも、**時間のアドバンテージを最大限に活用することが大切です。比較的早いうちから小さな金額でコツコツ投資をはじめていけば、結果的に大きなリターンを期待できます。**

本書を読みながら、将来に備えて、投資の勉強をはじめていきましょう。

「まずは少額」からはじめる理由

大きな金額を一気に投資する場合

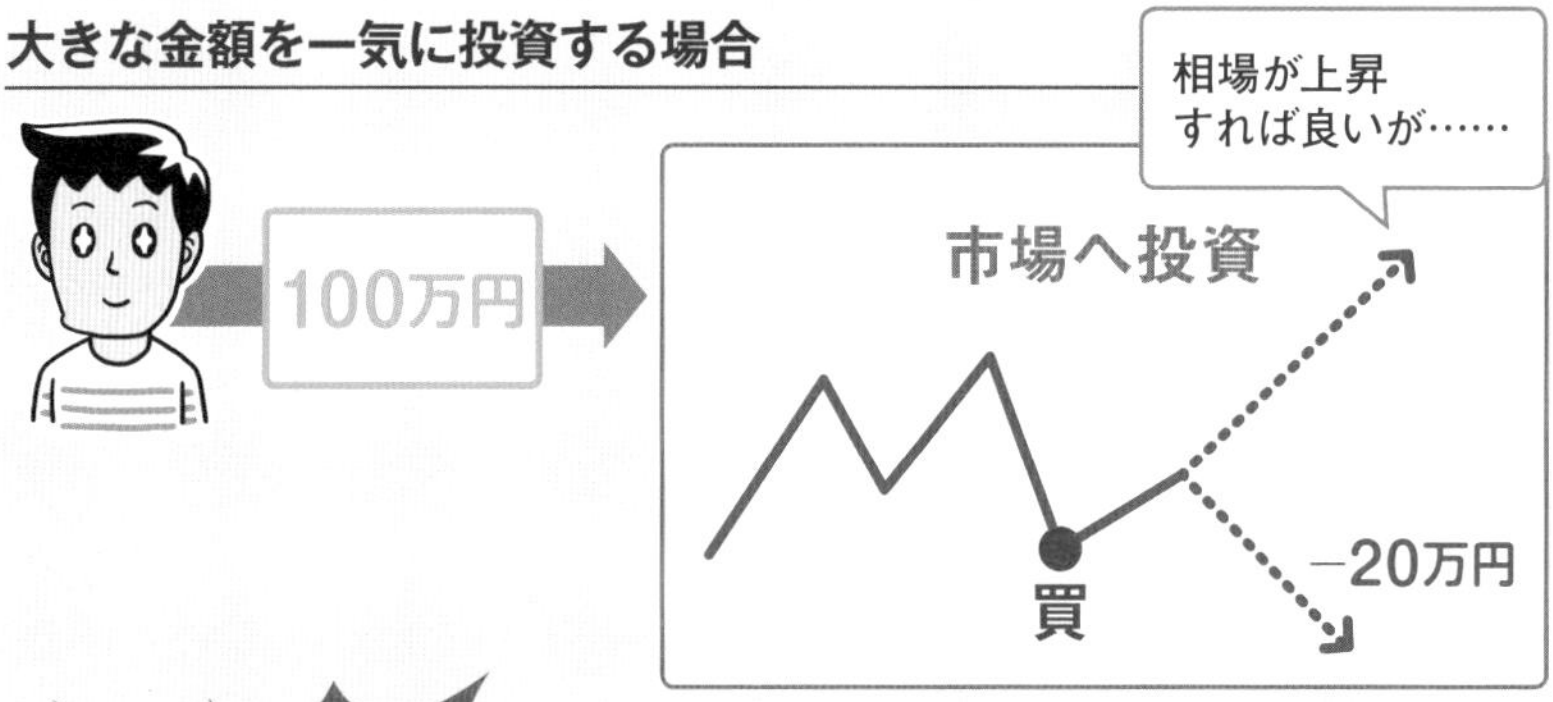

**結果的に
投資そのものが
トラウマになって
しまうことも！**

**大きく下落してしまった場合
ダメージも大きい。
損失を取り戻そうと焦って
悪循環に陥る可能性大**

少額から投資をはじめる場合

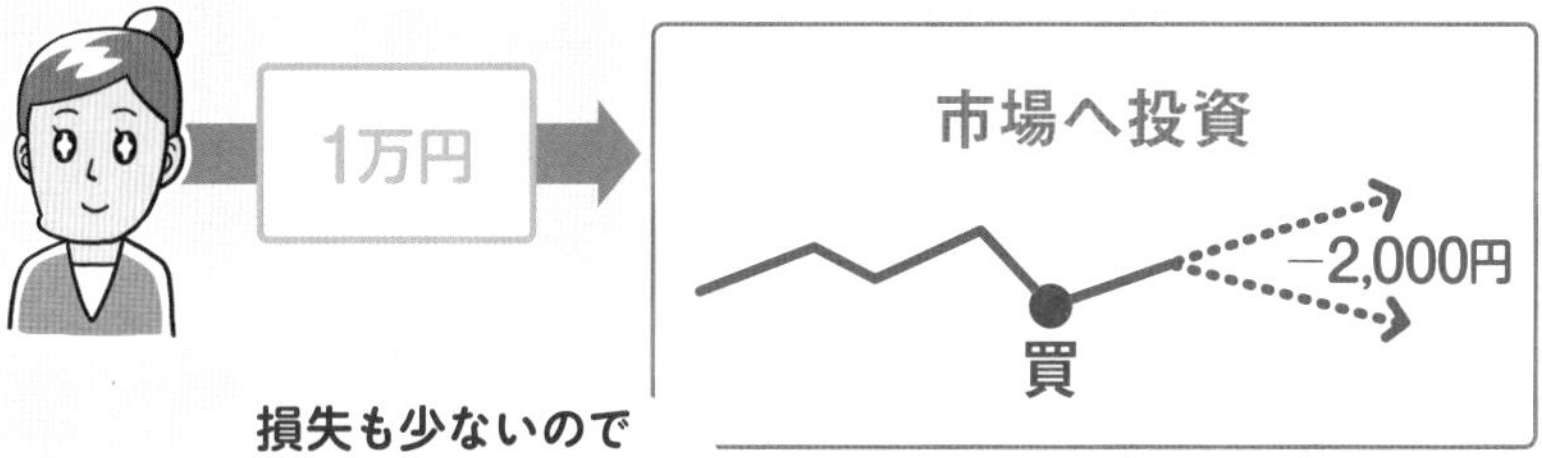

**損失も少ないので
失敗しても
割り切りやすい！**

**相場が下落しても
大きな痛手にはならない！**

Point

**まずは数千〜1万円くらいで少しずつ、
勉強料と思ってはじめて、慣れていこう**

03

開設するならネット証券の口座が断然オススメ

ネット証券口座のメリットを知ろう

ここからは投資信託をはじめるにあたり、口座を開く会社を選ぶポイントを見ていきましょう。

銀行などの窓口でも投資信託を購入することはできますが、ぼくのオススメは断然Ｗｅｂを使った**「ネット証券会社」での口座開設**です。

理由は大きくわけて2つあります。

ネット口座のメリットは「手数料の安さ」と「簡潔さ」

36ページで説明した通り、投資信託は証券会社（販売会社）によって購入手数料が異なる場合があります。その点、**ネット証券会社は購入手数料が安くおさえられているところが多く、有利に資産を運用できます。**

これは、取引のほとんどをインターネット上で自動的に行うため、コストが低くおさえられるというのが大きな理由です。都内の一等地などに営業所を構える大手銀行や証券会社の場合、その運営コストが大きくかかるため、購入手数料に跳ね返ってくるわけですね。

また、購入手数料以外にも、メリットがあります。

ネット上で運営しているわけですから、利用者もネット上だけで取引のほとんどを済ますことができるのです。

せっかくの休みの日にわざわざ営業所を訪れて申請書を出して……といったためんどうなことをする必要はありません。

忙しい社会人にとって、**パソコンやスマホだけで取引を完結できる**というのは非常に便利です。

こうしたことを背景に、今やネット証券会社で口座を開設して資産運用することは常識になりつつあります。

ネット証券の口座がオススメな理由

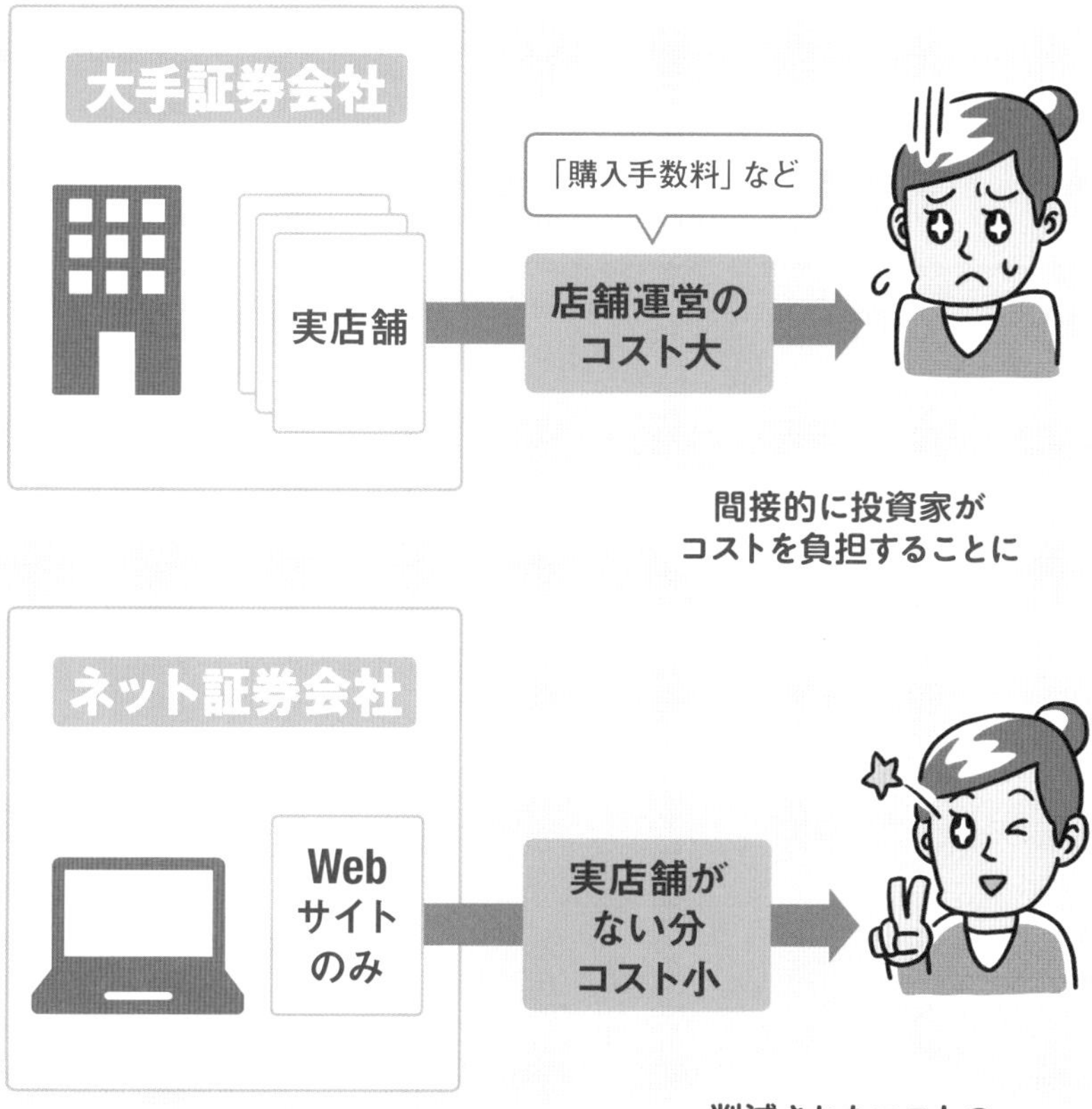

削減されたコストの
恩恵を投資家が
受けられる！

【ネット証券口座のメリット】
①口座開設がネットだけで申込み可能
②取引もすべてネット上だけで完結
③大手証券会社と比べて低コスト

Point

コストを最優先に考え
ネット証券会社を選ぼう！

04

チェックポイントは十人十色

選ぶべきは自分にあった証券会社

前節で紹介したネット証券会社にもさまざまなものがあり、個人投資家の間では今回紹介する3社が広く利用されています。

サービスやキャンペーンをチェック

基本的にこれらの大手ネット証券会社どうしでは手数料に大きな差はありません。口座の維持費はすべて無料ですし、投資信託でかかるコストは3社とも横並びです。

サービス内容も投資信託に関してはほぼ同じ水準で、どの証券会社でも優良な投資信託が購入可能です。

そうなると、違いは追加サービスやキャンペーンになります。

また、ポイント制度を各社とも導入しており、それぞれ異なるポイントと連携していますので、**みなさんがお使いのポイントが対象となっているのであれば、そこを選ぶ**選択肢も大いにアリです。

クレジットカードも活用できる

また、近年はクレジットカードを使った投資信託購入のサービスも各社開始しており、対象のクレジットカードを使えば、**ポイントを貯めながら投資信託の積立も可能**になっています。

こちらも、対象カードが証券会社によって異なるので、お使いのカードで対象となっているものがあれば、そこを選ぶのも良いでしょう。

一言で、それぞれの証券会社をまとめると次のようになります。

- ユーザ数やサービスの安定感で選ぶならSBI証券
- 株式や仮想通貨など、他の投資も視野に入れるならマネックス証券
- 楽天ユーザなら楽天証券

このような棲み分けも良いでしょう。

大手ネット証券3社を徹底比較!

	SBI証券	マネックス証券	楽天証券
口座維持費	無料	無料	無料
投資信託取扱数	2,684	1,334	2,627
クレジットカード投資	三井住友カードで可能（VISA, Mastercard）	マネックスカードで可能（JCB）	楽天カードで可能（Amex, Mastercard, VISA, JCB）
還元されるポイント	Vポイント（1ポイント=1円）	マネックスポイント（1ポイント=1円）	スーパー楽天ポイント（1ポイント=1円）
ポイント還元率	0.5〜5%（カードのランクによって変動）	1.1%	0.2%（利用状況によって変動）
NISA対応	○	○	○
NISA口座開設の特典	国内株式、海外ETF、投資信託の売買手数料が無料に	国内株式、米国株、中国株、投資信託の売買手数料が無料に	国内株式、海外ETF、投資信託の売買手数料が無料に（海外ETFはキャッシュバック）
iDeCo対応	○	○	○
特徴	業界最大手。サービスが安定	ポイント還元率が高い米国株の投資に強み	近年、ユーザ数を大きく伸ばす。他の楽天系サービスとの優遇多数

※2023年4月時点

Point

各社のホームページを訪れてみて使いやすそうな会社を選ぼう！

05

ポイ活で「生活しながら投資」しよう

現金と交換できるポイント制度も多数アリ

いろいろなサービスで貯まるポイントを使って、他のサービスを利用したり、商品を購入したりする「ポイ活」が流行っていますね。証券会社でもポイ活は可能で、大きくわけて、次の2つができます。

①証券会社でポイントを貯めて、実生活で使う
②実生活でポイントを貯めて、投資信託を購入する

証券会社でポイントを貯める

投資信託の保有や購入の金額に応じてポイントが貯まるサービスを各社運営しています。

SBI証券とマネックス証券は、**投資信託を保有しているだけで定期的にポイントが貯まります**。これらのポイントは投資信託への再投資や、別のポイントに交換して使うことができます。

実生活でポイントを貯める

実生活で貯まったポイントで投資信託を購入することも可能です。

SBI証券ならTポイントなどを、楽天証券なら楽天スーパーポイントを投資信託の購入・積立にあてることができます。両者とも幅広い場所・店舗で貯めることができるので、投資のために節約がてら、貯めていくという楽しみもあると思います。

こうして**生活の中で得たポイントをさらに投資に集約させることで、資産形成の速度も上がります**。はじめは微々たるものでも、複利効果、時間をかけてコツコツ投資に回せば、大きな資産になっていきますよ。

貯まったポイントをいつもなんとなく使ってしまっている……という人は、このタイミングで、投資信託を買うことに使ってみませんか？

ポイント制度を活用しよう!

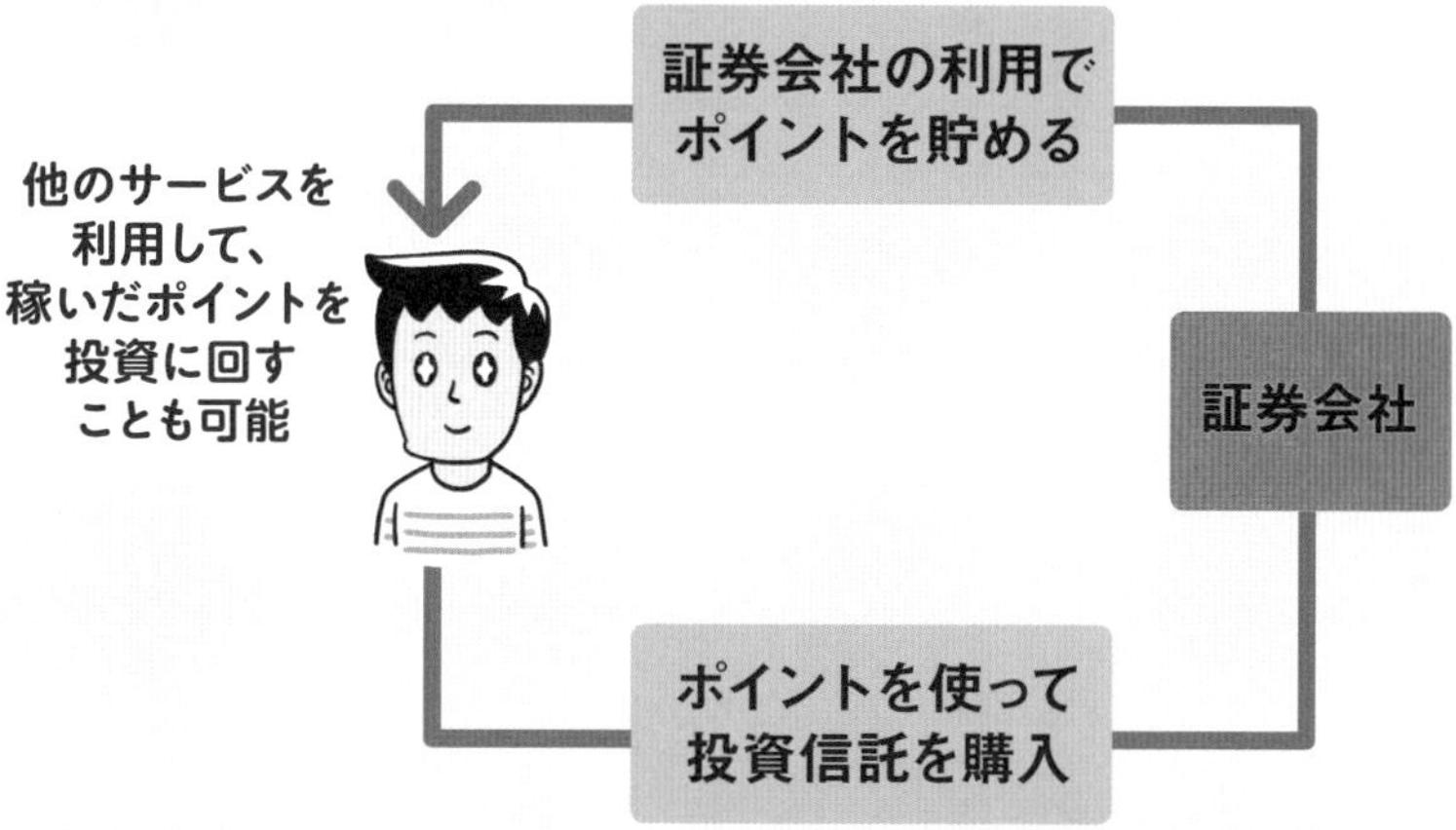
証券会社の利用で
ポイントを貯める
証券会社
ポイントを使って
投資信託を購入
他のサービスを
利用して、
稼いだポイントを
投資に回す
ことも可能

	SBI証券	マネックス証券	楽天証券
貯まるポイント	・Tポイント ・ポンタポイント ・dポイント	マネックスポイント	楽天スーパーポイント
貯める方法	・投資信託の保有で毎月付与 ・国内株式の購入	・投資信託の保有で毎月付与 ・マネックスカードの利用	投資信託の金額が一定額に達したら付与
使えるポイント	・Tポイント ・Vポイント	マネックスポイント	楽天スーパーポイント
使いみち	投資信託の購入	投資信託の購入	投資信託の購入

※2023年4月時点

Point

**ポイント制度は各証券会社ごとに特色あり！
自分が貯めているポイントが対応している
証券会社を選ぶのがやはりBEST**

06

Webアップロードなら手間なし！

いざネット証券の口座を開設してみよう

ネット証券の会社をどれにするか決めたら、実際に口座開設をしてみましょう。

ここではSBI証券を例としてだいたいの手順を紹介したいと思います。大まかな部分は、他のネット証券でもほぼ同じですので、参考にしてみてください。

まずは、口座開設を申し込みます。

必要な書類はWebでのアップロードが便利

まず氏名や生年月日、住所などの個人情報を入力します。この申込みの際に一緒にNISA口座を開設できますので、ぜひしておきましょう。

また、各種書類は郵送も可能ですが、スキャンや撮影したものをWeb上でアップロードできるようにもなっています。**Webアップロードのほうが口座開設までの時間が短くなるため、こちらを利用することをオススメします。**

申込みが完了すると、その場で口座番号やユーザネームなどのログイン情報がもらえます。

初回ログイン時には勤めている企業名や業種などの確認があり、これらの情報も取引開始前に提示をする必要があります。

企業名の提示は、インサイダー取引を防止するための取り決めで確認が必須となる情報です。**会社に連絡されることはまずないので、安心して正しく申告しましょう。**

他に振込用の口座情報などを入力すれば、いよいよログインが可能になります。

後日、自宅あてに「口座開設の完了通知書」が送られてきます。受け取った通知書は、大切に保管しておきましょう。

口座開設までの大まかな流れ

口座開設フォームで必要事項を入力

メールアドレスや氏名、住所など基本的な個人情報を入力

↓

NISA口座も一緒に開設申請

↓

口座番号・ユーザネームなどをメモ

↓

マイナンバーと本人確認書類をアップロード

写真入りマイナンバーカード
もしくは
マイナンバー通知カード＋身分証明書

マイナンバーカード

or

＋

通知カード　運転免許証など

↓

職業や年収などの情報の開示

インサイダー取引防止など、企業名などの職業提示が必要

↓

証券会社の口座開設完了

↓

税務署審査後、NISA口座も開設完了

他の証券会社と重複して開設していないかなど審査されたあとにNISA口座開設完了！

Point

基本的にはネットだけで口座開設可能！
一緒にNISA口座も開設して
効率よく投資をスタートしよう

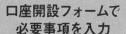

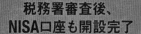

07

検索機能を活用すれば時間短縮に

実際にファンドを探してみよう！

口座を開設し、いざネット証券の投資信託トップページを開いてみると、いろいろな情報が表示されます。これだけ見ると、何を見ればいいのかわかり辛いですよね。

自分にあった投資信託を見つけてみよう

初心者にとって何より重要なのは売れ行きが良いものを買うことではなく、自分の条件にあった投資信託を見つけることです。

そのためには、検索機能を利用して条件で絞り込んでから、自分に本当にあったファンドを決めるのが良いでしょう。

なので、口座開設が済んだら、まず投資信託を検索してみましょう！

ＳＢＩ証券の場合は、「パワーサーチ」という投資対象や地域、コストなどを入力すると条件にあったファンドのみを表示してくれる検索機能があります。

例えば株式、特に北米に投資したい場合は、サイドバーから「国際株式」「北米」にチェックを入れていきます。

そうすると、この時点で全部で２０００件以上あった投資信託が、１０００件ほどに絞られます。さらに買付手数料を「無料」で絞り込むと、半分以下にまで減りました。

ここから信託報酬が少ない順などに並び替えることで、自分の条件にあったファンドが簡単に見つけられるようになります。

他の証券会社でも、投資信託の検索機能があります。手数料での並べ替えや、証券会社でのランキングを表示することもできるので、ぜひ活用してみてください。

投資信託を検索してみよう

例 こんなファンドを検索してみよう

☑ 国際株式に投資
☑ 北米に投資
☑ 購入手数料がかからないもの

チェックを入れていくだけで
簡単検索！

ファンド分類
- 国内株式 (411)
- 国際株式 (550)
- 国内債券 (47)
- 国際債券 (733)
- 国内REIT (41)
- 国際REIT (119)
- バランス (325)
- コモディティ (26)
- ヘッジファンド (24)
- ブル・ベア (34)
- その他 (46)

条件クリア

投資地域
- グローバル (929)
- 日本 (527)
- 北米 (339)
- 欧州 (122)
- アジア (158)
- オセアニア (61)
- エマージング (148)
- 中南米 (48)
- 中近東 (2)
- アフリカ (4)
- その他 (18)

パワーサーチで
簡単に絞り込みできる！

（出典:SBI証券「投資信託 パワーサーチ」、本ページ以下同様）

さらに手数料などで
並び替えも可能！

検索結果 39 件　表示件数 20件　CSVダウンロード

基本情報 | 手数料等費用 | 分配金情報 | 投資指標 | 運用方針

ページ 1 2

ファンド名	分類 地域	基準価額 (前日比)	純資産 (百万円)	スターレーティング
大和－通貨選択型アメリカン・エクイティ・αクワトロ（毎月分配型） NISA	国際株式 北米	7,678 (+45)	622	-
新生－米国好配当株プレミアム戦略ファンド（毎月分配型）株式&通貨コース NISA	国際株式 北米	4,089 (+8)	3,668	★★★
三井住友TAM－ＳＭＴ　米国株配当貴族インデックス・オープン NISA	国際株式 北米	9,567 (+20)	305	-

**自分の条件に
あったファンドを
簡単に探せる！**

Google検索などで
「米国株式 投資信託 一覧」
のように検索してみるのも手

Point

**まずは宝探し感覚でファンドを探してみて、
気になるものがあったら詳しく調べよう！
→目論見書を読んで詳細チェック（74ページ）**

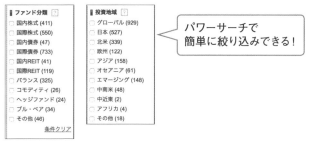

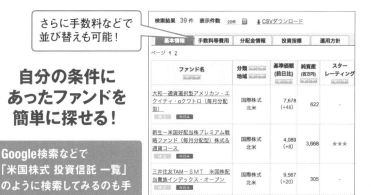

08

はじめに国内株式インデックスを買ってみよう

値動きがシンプルで投資の勉強にも最適

まずは勉強用として、最初に国内株式インデックスに投資するファンドを買ってみましょう。理由としては**「値動きの理由が実感しやすい」**からです。

国内株式インデックスは日本国内の株式指数を示す日経平均株価に連動して値段が変わる投資信託です。

日経平均株価で値動きを実感

日経平均株価については、日々のニュースなどでもよく取り上げられているのでご存じかと思います。

日本国内の株式指数ではありますが、世界的な経済の影響を大きく受けています。日本経済は世界中とつながっていますので、中国経済や米国経済の影響で、日本の株価も大きく影響を受けるのです。

おそらくこれを買うことで、**今まで以上にニュースに敏感になる**はずです。その「感覚」が大事で、ニュースで聞く海外の話題が自分の資産にも影響してくることがわかって、投資家としての感覚が養われるようになるのです。

数千円で投資を経験できる

もちろん、はじめは少額で、それこそ数千円ぐらいからはじめてみるのも良いでしょう。数千円で実際に世界経済に参加して、投資が経験できるなら、非常に安いです。たとえ買ったあとに下落したとしても、最終的には良い経験となるはずです。

あくまで国内株式インデックスは勉強用に買ってみて、投資信託の値動きを実感してみる、という目的が良いと思います。

第3章ではその他の資産に投資するファンドも紹介しますので、最適なファンドを選んでいきましょう。

国内株式インデックスは勉強に最適！

「日経平均○円安～」
「ドル利上げが要因～」

日常で目にする
ニュースの
内容と連動するので
理解しやすい！

国内株式インデックス

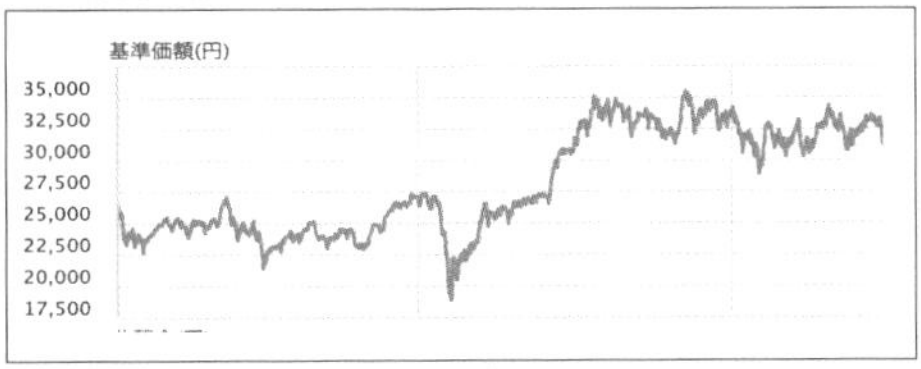

株価指数とインデックスファンドの値動きが一致する！
経済の動向が、投資家の資産に直結する

日経平均株価

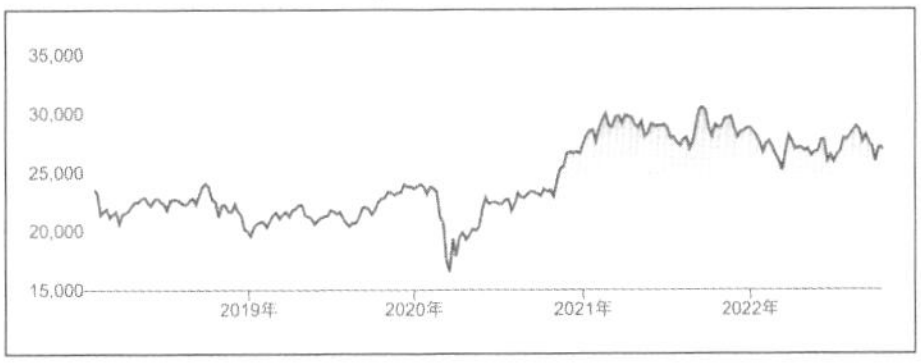

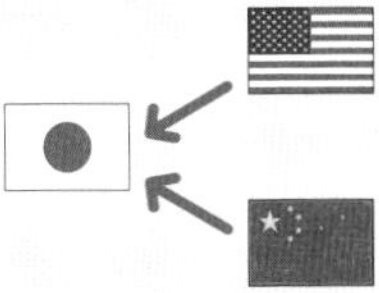

国内株式は米国・中国など海外の影響を受けやすい！

数千円ほどで国内株式インデックスを買ってみて実際に株式市場に参加してみよう

➡これをステップ1にして、他の資産にも進んでいこう

Point

投資は実際に参加してみないとわからないことだらけ。まずは「わかりやすさ」重視でスタートを切ろう！

09

市場の動きと投資信託の値動きは連動する

自分がわかるものから買うのがベスト

国内株式インデックスは日経平均株価などの指標と連動します。また、海外の株式インデックスなどは指標の値動き、つまり「市場の景気」と「為替レート」の両方が影響して、価格が変動します。

このように**ほとんどの投資信託は、何らかの市場の動きと連動して価値が変動していきます**。

中には市場の動きがシンプルに反映されない、難しいしくみの投資信託もあります。

そうした投資信託の場合は値動きの理由がわかり辛く、また今後の値動きの予想もし辛くなります。

そうなると、さらに購入すべきなのか、それとも売却してしまうべきなのかといった判断も難しくなり、最終的には「自分の資産だけどよくわからないまま保有しているもの」になってしまいます。

自分がわかるものにだけ投資しよう

投資の鉄則として**「自分が理解できないものには投資をしない」**という言葉があります。自分が理解できないしくみに自己資金を投じることで、正常な判断ができずにそれ自体がリスクになり得るのです。**そのため、まずは「自分が値動きを理解できる資産」を買うことをオススメします。**

シンプルなものでもコツコツ運用していくことで、身の回りに目を向けるきっかけにもなり、結果としてニュースに詳しくなるだけでなく、複雑な値動きをする投資信託にも手出しができるようになっていくのです。

シンプルな投資信託から、徐々に高度なしくみの投資信託を購入していくはじめかたがベストだと、ぼくは思います！

自分が理解できる投資信託を選ぼう

米国株式インデックス

- □ **NYダウ指数と連動**
- □ 米国の景気に左右される
- □ 日本円/米ドルの為替レートの影響を受ける

インデックス系ファンドは比較的シンプル

国内債券インデックス

- □ **国債価格と連動**
- □ 金利の変動の影響を受ける
- □ 為替レートの影響は受けない

米ドル建て原油先物＋オプション取引

（カバードコール戦略）

- □ **原油先物に投資**
- □ **保有資産のコールオプションを売却**

➔しくみや値動きが複雑

複雑なしくみのファンドは値動きが理解し辛い！

Point

難しい動きをする投資信託は買い時・売り時が判断し辛い！まずはシンプルなものからはじめよう！

10

購入は3つのステップで行う

投資信託を買ってみよう

ひとまずここでは、「eMaxis Slim バランス（8資産均等型）」という投資信託を実際に買ってみましょう。

買付可能額を増やしておこう

投資信託の購入は、自分の銀行口座やクレジットカードから行うのではなく、ネット証券の口座から行います。この口座内のお金を「買付可能額」といいます。**投資信託の購入前には、自分の口座に入金して、買付可能額を増やしておく必要があります。**

準備ができたら先ほどの銘柄を検索してみましょう。それぞれのページでは、価格の推移や運用方針、手数料などが一覧で確認できます。

運用会社のホームページでも同様の情報はチェックできますが、比較する場合はネット証券会社のページで見ていくのが便利です。

買いたい分の金額を指定するだけ

このページ上で「金額買付」を選択して、買付可能額から金額を指定し、実際に投資信託を購入することになります。

投資信託は購入した直後に受け取れるわけではなく、数営業日後に受け渡しされ、自分のネット証券口座に資産として追加されます。

受け渡しまでの日数は投資信託によって変わります（eMaxisの場合は3営業日後に受け渡し）。

また、金額指定ではなく投資信託の単位である「口数（70ページ参照）」を指定して購入する「口数買付」という方法もありますが、基本は金額指定での買付で良いでしょう。

必要なのは3ステップだけ！

まずは口座に入金して、
スポット購入
してみよう

銀行振込などで口座に入金 → 証券口座の買付可能額

※スポット購入：好きなタイミング・好きな金額で単発で購入すること

1 「金額買付」を選択

基準価額 ?	**13,106**円 ↓ (23/03/20 現在)
前日比 ?	-94円 (-0.71%) 基準価額時系列

金額買付 ｜ 口数買付 ｜ 積立買付 ｜ つみたてNISA買付

（出典：SBI証券、本ページ以下同様）

2 購入金額を指定！

ここでは1万円で買付注文をします

「買付可能額」とは？
ネット証券口座内に入金されている
資金残高のこと
「買付余力」といわれることも

買付可能額	46,574円	
最低買付金額	100円	買付単
預り区分	◉ 特定預り/一般預り	○ NISA預
購入金額	10000 円（手数料・	

3 注文内容を確認！

（買付口数や受渡日をチェック）

概算注文見積	
概算受渡金額	10,000 円
概算手数料(税込)	0 円
概算買付口数	7,267 口
約定日	23/03/23
受渡日	23/03/29

実際に受け取れるのは
注文してから数営業日後！

Point

まずはお試しでスポット購入！
購入時の簡単な流れを実際に体験しよう

11

毎月積立の設定をしてみよう

自動で購入されるから超簡単

設定するだけで毎月自動購入!

前節では単体での投資信託の購入（「スポット購入」と呼びます）を手動で行いました。

しかし、手動で購入を繰り返すのは非常にめんどうです。そこで、**毎月自動的に買付を行う「毎月積立」の設定をすると良いでしょう。**

毎月積立の場合も、スポット購入と同様に買付可能額から支払いを行います。

自動で毎月購入されますが、買付可能額が購入金額に足りない場合は買付に失敗するので注意しましょう。

まず、ページ上の「積立買付」を選択します。基本は買付画面と同じですが、毎月何日に購入するかという設定項目が追加されているので、選択しましょう。

今回は、2万円分の投資信託を、毎月15日に購入する設定をしてみます。実際に購入されるのは現時点から直近の15日からです。設定日が15日以降の場合は、翌月の15日から購入されます。

毎月積立設定は、いつでも設定変更が可能なので、自分の余裕資金などによって、自由に積立金額を増やしたり減らしたり、また積立設定自体を解除することもできます。

入金も自動に設定できる!

また、購入だけでなく自動で銀行口座などから引き落としを行う設定もできるので、こちらもあわせて設定しておくと、もっと手軽になります。

「日頃忙しいけど投資をしてみたい」というような人にはぜひともオススメしたい機能です。

投資信託の毎月積立をやってみよう

1 「積立買付」を選択

（出典:SBI証券、本ページ以下同様）

2 積立金額を指定！

ここでは「毎月20,000円」で積立を設定

毎月の積立金額はいつでも変更可能！

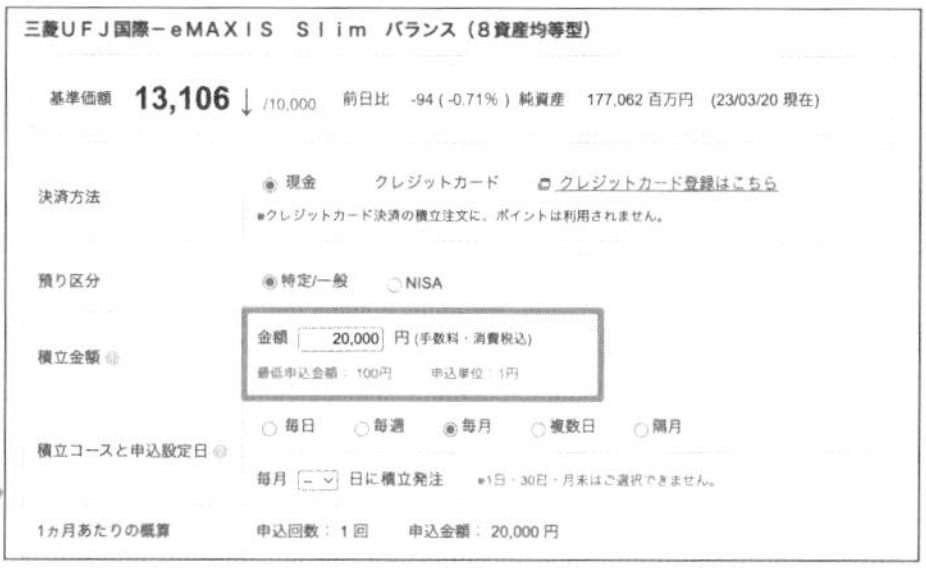

3 毎月の何日に購入するかを指定！

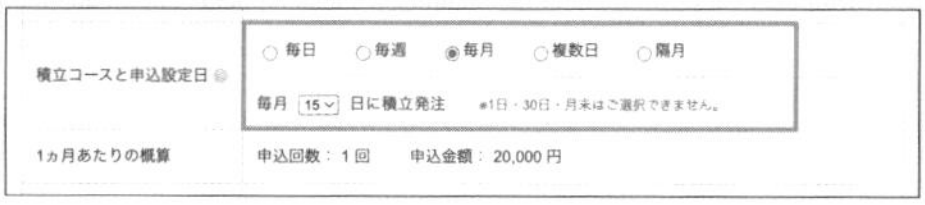

証券会社によっては、毎週・毎日積立の設定も可能！

【毎月積立の入金方法は2種類！】

①銀行口座の振替
②クレジットカード（毎月5万円までの制限あり）

Point

投資信託のキモは積立を続けること！毎月の積立金額を設定して、あとは全自動でお任せしよう

COLUMN

銀行口座から自動引落ができるネット証券が便利

投資信託の積立購入は、長くコツコツと続けていくことに意義があります。そのため、自動的に投資・運用し続けられるしくみは必要不可欠です。

紹介した通り、入金から購入までを手動で行う(スポット購入)のは、一回一回はそれほどの手間ではありません。しかし、毎月同じ日に定期的に行うのは、やはり大変です。忙しいとうっかり入金を忘れてしまったり、購入し忘れるということもあり得ます。そうしたうっかりを防ぐためにも、やはり「毎月積立」設定を活用することをオススメします。

一度設定してしまえば、あとは自動的に積立を続けてくれるので、拍子抜けしてしまうほど、簡単に投資が継続できます。

今回ご紹介したネット証券会社では、いずれも投資信託の自動積立に対応しています。

また、毎月積立は、「銀行口座の引き落とし」と「クレジットカードからの支払い」の2パターンが利用できます。クレジットカードからの支払いはポイントがつくのでやはり便利ですが、毎月の積立額の上限（月5万円ほど）があります。

銀行口座の引き落としには上限はありませんので、クレジットカード上限以上の金額を投資に回す場合は、銀行口座の引き落としも利用する必要がありますね。

本書の第1版を書いた2017年から、投資の環境はどんどん便利に、そして投資しやすくなっています。投資家のみなさんのニーズにあわせてどんどん進化していっているので、便利な機能はガンガン活用していきましょう！

CHAPTER 3

第3章

おさえておくべき投資信託のキーワード

投資信託の時価ともいえる基準価額を知ろう

上がればお得！「基準価額」はファンドの単価

この章では投資信託を学ぶ上で必要不可欠な単語を紹介します。

「基準価額」は最重要ワード

最も重要な「基準価額」とは、**投資信託の現在の価格を示す数字**です。投資信託の時価、と考えてもいいでしょう。

基準価額は1日1回変動します。購入後に基準価額が上昇すれば資産価値が上がって得をしたことになります。再投資型の場合、運用の利益はこの基準価額に組み込まれます。**再投資してコツコツと基準価額を高めていくことで、投資家の資産を増やしていくことが目的**です。

逆に、毎月分配型の場合、利益が発生しなかった月はこの基準価額から分配金を取り崩して支払いますので、基準価額は下がります。

「取得単価」は購入時点の基準価額

みなさんがファンドを購入した時点での基準価額を「取得単価」という呼び方をします。その取得単価と基準価額の差額が、現在のみなさんの含み益ということになります。

この取得単価は、積立購入をするたびに数字が変わります。これまでに購入した単価の平均値を表すものですので、**基準価額が低いときに買えば取得単価は低くなりますし、基準価額が高いときに買えば取得単価は高くなります。**

投資信託は、基準価額は1万円からスタートします。そこから市場の変動によって上がったり下がったりするため、同じ投資対象のファンドどうしでも、運用開始時期によって、基準価額が変わってきます。「基準価額の高い・低い＝運用成績ではない」ことには注意しましょう。

基準価額＝ファンドの値段！

米国株式ファンドの2014年から8年間の基準価額のチャート

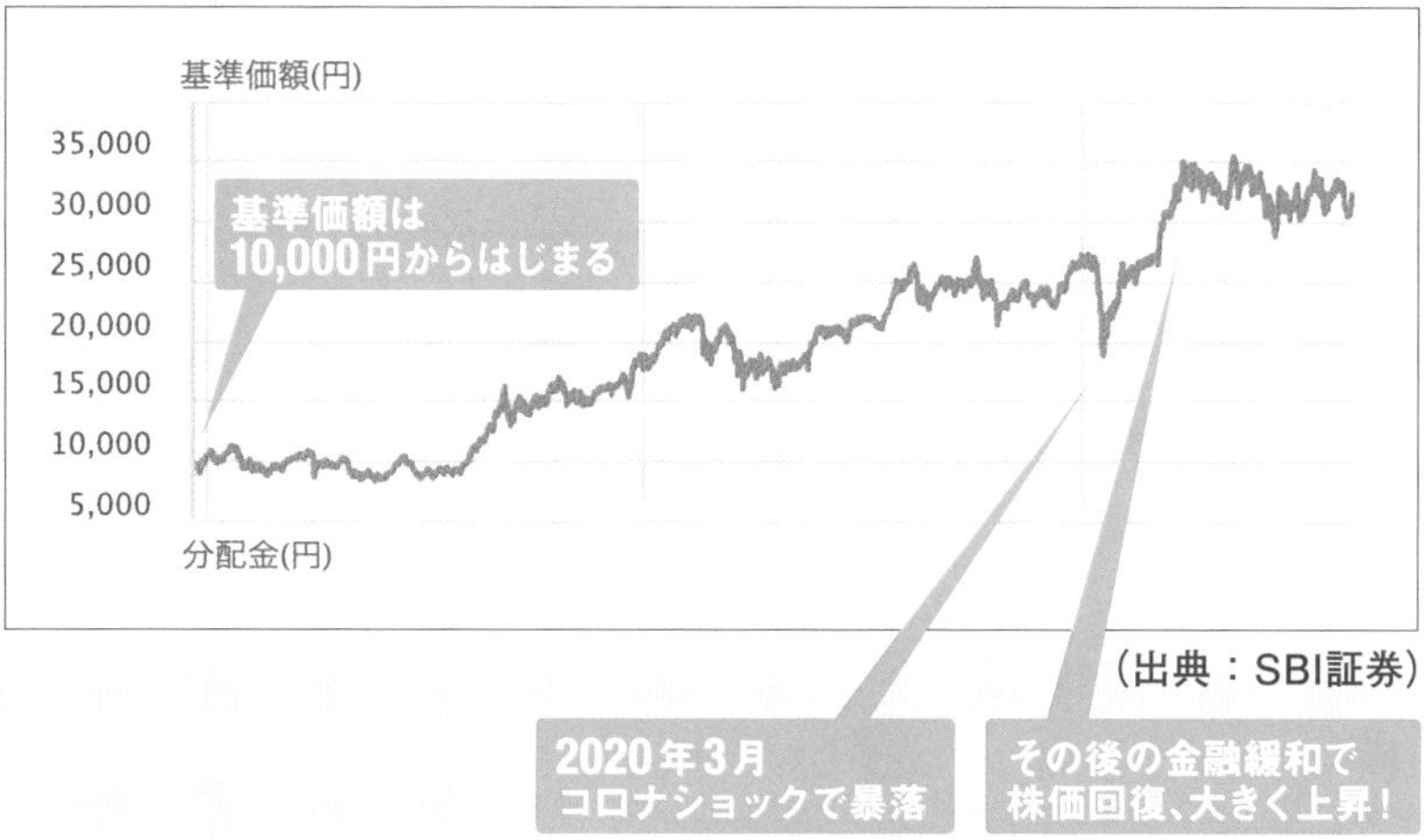

（出典：SBI証券）

- 基準価額は1日1回、毎日変動する
- 同じ投資対象のファンドどうしでも、基準価額が異なる
  ※運用開始した時期が違うため

投資信託を購入後に基準価額が上がれば資産価値も上がる！

■分配金を再投資するとしないとで、こんなに違う！

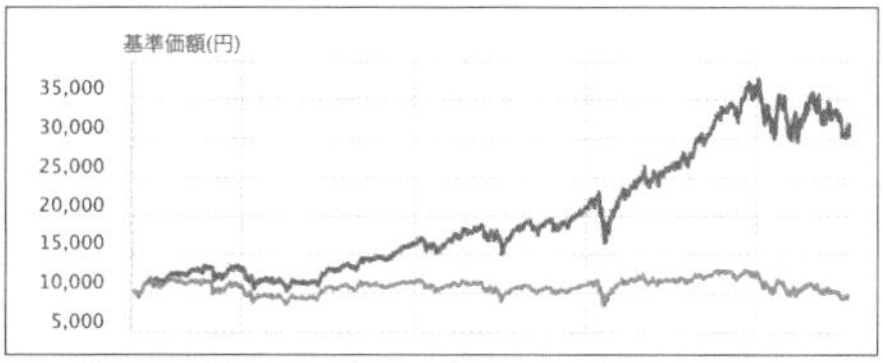

分配金を受け取った場合(青)と
再投資した場合(赤)で、
基準価額はこんなに変わる
↓
毎月分配型は、基準価額を削って
分配を優先するため、基準価額は
上昇しない場合が多い

Point

購入後の基準価額の変動が、投資家のみなさんの損益に直結する！

02

「純資産額」は全体の資産の合計額が大きいほど安心！

増減の傾向を見れば運用の状態がわかる

「純資産額」は、そのファンドの全財産の合計の価格を示す数字です。ファンドの規模を示す数字と考えると良いでしょう。ファンド全体の合計額なので、数百～数千億というとても大きな数字で表されます。

見るべきは増減の傾向

純資産額を見る上でのポイントは、**増加傾向にあるか、それとも減少傾向にあるか**、です。

投資信託の調子や評価が良いときは多くの人が購入するので純資産額は増加傾向にあります。運用を開始してから純資産額が順調に伸びている投資信託は、運用も安定していると考えて良いでしょう。

気にするべきは減少傾向にある場合です。

運用による資産価値の減少が原因で純資産額が減る場合もありますが、解約が増えて純資産額が減っている場合は、その投資信託に何か問題があり、投資家が売却をしている可能性があります。

投資信託自体に問題がない場合でも、資産価値が下落した場合に解約する投資家が増えてしまうと、悪循環で資産価値がさらに減少してしまう場合もあります。

純資産額が極端に減ると円滑な運用ができなくなり、最終的には運用が終了して強制的に償還（売却）される場合もあるため、要注意です。

運用開始から間もないものには注意

投資信託が安定しているかどうかは運用開始から時間が経たないと見極められないため、運用開始から1年以上経過し、運用報告書が公開されたあとのファンドが望ましいです。

純資産額＝ファンドの全財産の合計！

見るべきなのは価格の変動している傾向！

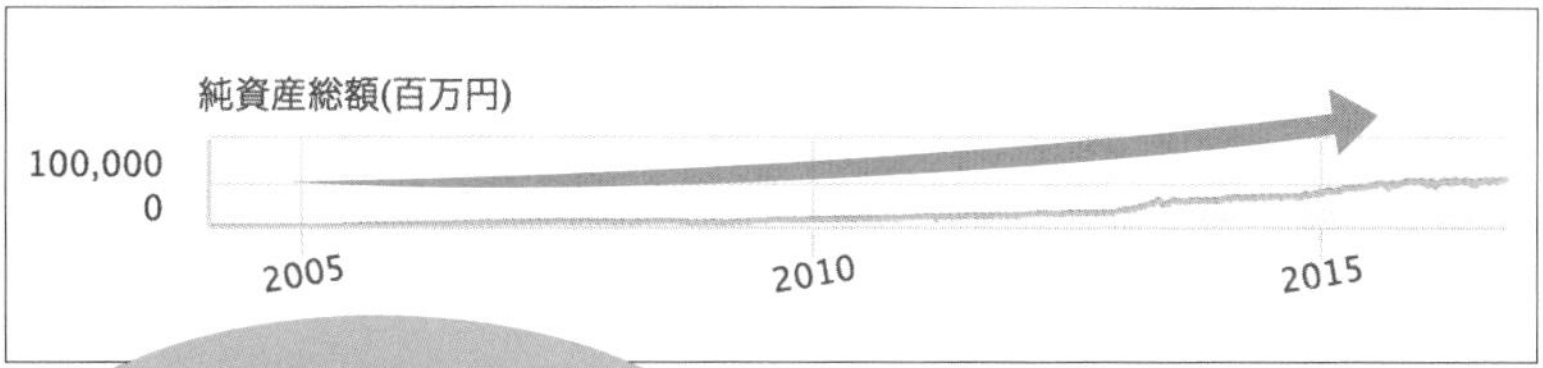

(出典：SBI証券、本ページ以下同様)

継続的に増加傾向にあるファンドは安定運用されている

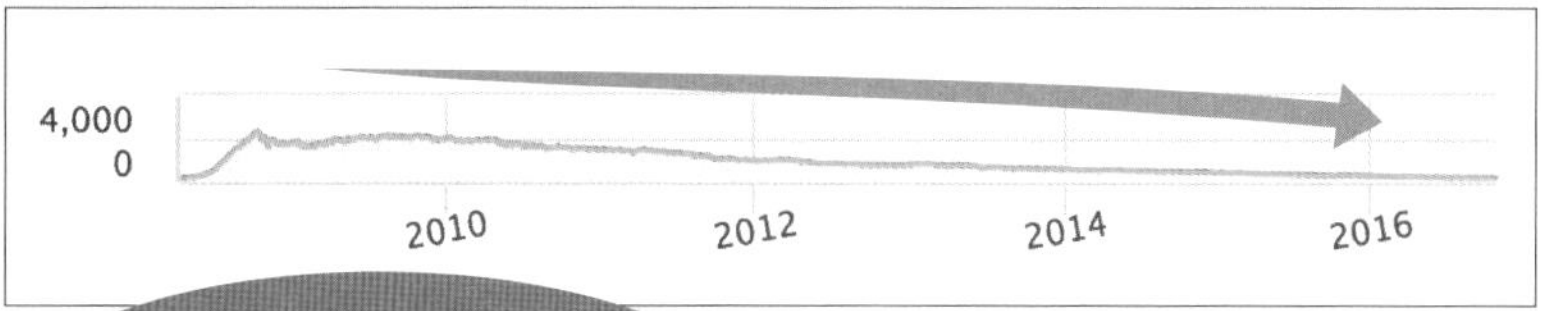

減少傾向にあるファンドは要注意！

運用開始当初は募集を頻繁に行っていたが現在は低迷していて投資家が乗り換えを行っている……などの理由が考えられる

純資産額が大きいとファンドの規模も大きい！

↓

純資産額が下がりきると強制償還となる可能性も！

Point

純資産額はある程度の期間がないと見極められない！開始したばかりのファンドには要注意！

03

購入するときや分配金は1万口単位で考える

「口数」は保有しているファンドの数量

続いては「口数《くちすう》」の説明です。口数とは、みなさんが保有している投資信託の「数」を示す単位のことです。

保有しているファンドの口数が多ければ、それだけ多くの資産を持っているということになります。

先ほど説明した基準価額は、「1万口買うのに必要な金額」を表したものです。基準価額が1万円の場合、1口はちょうど1円です。

基準価額が1.2万円になったら、1口あたり1.2円となり、基準価額が8000円になったら、1口0.8円ということになります。

1万口を単位に考えよう

1口、2口の単位で考えると細かすぎるので、**「1万口単位」で数量を考える**ことをオススメします。

基準価額自体が1万口の価格を表しているので、1万口単位で考えたほうが感覚的にわかりやすいからです。

「わたしは海外株式の投資信託を20万口保有している」「投資信託を5万円分買ったら、新たに5万口増えた」といった具合ですね。

長期的に積立していくと、50万口……100万口……と、どんどん口数が多くなっていくはずです。

現在の口数はみなさんの証券会社の口座画面から確認できますので、時々チェックしてみるようにしましょう。

口数と基準価額からみなさんの資産価値を計算することも可能ですが、証券会社の口座画面から「評価額」を見れば、現在の資産額が簡単にチェックできますので、こちらを確認するのが良いでしょう。

口数はファンドの保有数を表す単位

基準価額は「ファンド1万口の値段」を表した金額。
基準価額によって、1口の価格が決まる！

基準価額	1口あたりの単価	1万円で買付できる口数
12,000円	1.2円	8,333口
10,000円	1円	10,000口
8,000円	0.8円	12,500口

安いときに
買うと得、
というのは
これが理由

基準価額が低いときのほうがたくさんの口数を買付できる！

購入金額から何口買えるかの計算式

買付金額÷基準価額×10000 ＝ 購入できる口数

基準価額2万円の投資信託を5万円分買った場合

5万円÷20000×10000 ＝ 2.5万口

安いときも高いときも、ずっと定額で積立し続けていくと、基準価額が平均化されて、高値づかみのリスクが低くなる（ドルコスト平均法→146ページ）

ファンド名	保有口数 (売却注文中)
三菱ＵＦＪ国際－ｅＭＡＸＩＳ Ｓｌｉｍ バランス（８資産均等型）	768,093口
三菱ＵＦＪ国際－ｅＭＡＸＩＳ Ｓｌｉｍ 先進国株式インデックス	203,299口

（出典：SBI証券）

数字が細かいので
1万口単位で保有している数を
数えるのがGOOD

Point

口数をどんどん積み上げて
資産を増やしていこう

売却のタイミングに注意しよう

投資の利益を表す「含み益」「含み損」

投資の世界には、含み益・含み損という概念があります。

投資の利益を指す「含み益」

含み益とは、**購入時よりも基準価額が上がり、損益がプラスの状態**を指します。

含み益が出ている状態で投資信託を売却すれば、その分がみなさんの投資の利益となります。

このような形で投資信託を売却して含み益を利益にすることを「利益確定」といいます。

売却時に出る損失「含み損」

含み損とはその逆に、**購入時よりも基準価額が下がっていて、今売却すると損失が出る状態**のことをいいます。

含み損の状態で投資信託を売却することを「損切り」ともいいます。

気をつけておきたいのは、含み益は「幻」ということです。**含み益は、売却しないと本当の利益とはなりません。**含み益が出ると資産総額も増えるので、投資で成功しているように感じますが、実際には、売却してはじめて本物の利益となるのです。

もし、定年退職や結婚、住宅購入などのステージが近づいていたら、**含み益の状態から利益確定して、しっかりと使える現金に変えておくことをオススメします。**

市場の変わり目の暴落時には、この含み益がみるみるうちに少なくなってしまう場合もあり得ます。

せっかくお金を使うべきステージが来たのに、暴落によって利益が減ってしまうのは悲しい話ですよね。

含み益と含み損の考え方

含み益	含み損
投資信託が 買ったときから値上がりして、 利益が出ている状態	投資信託が 買ったときから値下がりして、 損失が出ている状態

含み益が出ている状態では、
まだ利益は確定していない！
売却してはじめて利益が確定する

■ 実際の資産管理画面はこんな感じ！

現在保有している口数

購入した際の基準価額

購入した際の資産額（元本）

（出典：SBI証券）

ファンド名	保有口数 (売却注文中)	取得単価 基準価額	取得金額 評価額	評価損益
三菱ＵＦＪ国際－ｅＭＡＸＩＳ Ｓｌｉｍ バランス（８資産均等型）	768,207口	10,289 13,581	790,408 1,043,301	+252,893

現在の基準価額

現在の資産の時価総額

これが含み益
含み損の場合は
マイナス表示

複数回にわけて購入した場合、
取得単価はそれまでの購入単価の
平均の数字になる

Point

インデックスファンドで資産形成途中なら
含み益のまま再投資を続ければOK！

05

投資家向けのファンドの説明書

ファンドの運用方針をチェック！「目論見書」

ファンドを購入する前に、買おうとしているものがどのようなものかをじっくり確認・吟味する必要があります。

この事前確認の手助けになるのが「目論見書」です。投資家に向けられた、いわばファンドの説明書みたいなものと考えてください。

目論見書には**ファンドの運用目的や特色、リスク、手数料などの確認すべき情報がすべて記載されています。**

証券サイトのページ上だけではわからない、資産ごとの投資比率（どの国・どの業界に何%ずつ投資するか）などは、目論見書を見て確認する必要があります。

とりあえずは「交付目論見書」を読めばOK

目論見書には「交付目論見書」と「請求目論見書」の2種類があり、前者には投資信託の概要が、後者には詳細な情報が記載されています。

交付目論見書はかなり読みやすいように工夫されていますので、専門用語の意味さえわかれば、誰でもスラスラ読めるはずです。

また、購入前には、目論見書を確認した上で購入することに同意する必要があります。いずれにせよ運用方針をわからないまま買うこと自体がリスクですので、内容はしっかりと確認しておきましょう。

目論見書は、**ネット証券のページからでも、投資信託自体のページからでも簡単に閲覧することが可能**です。

目論見書はあくまで計画上での数字なので、実際の投資比率や金額とは異なっている場合もあります。

実際の情報を知りたい場合は「月次レポート」や「運用報告書」を参考にすると良いでしょう。

目論見書とは、ファンドの説明書

交付目論見書

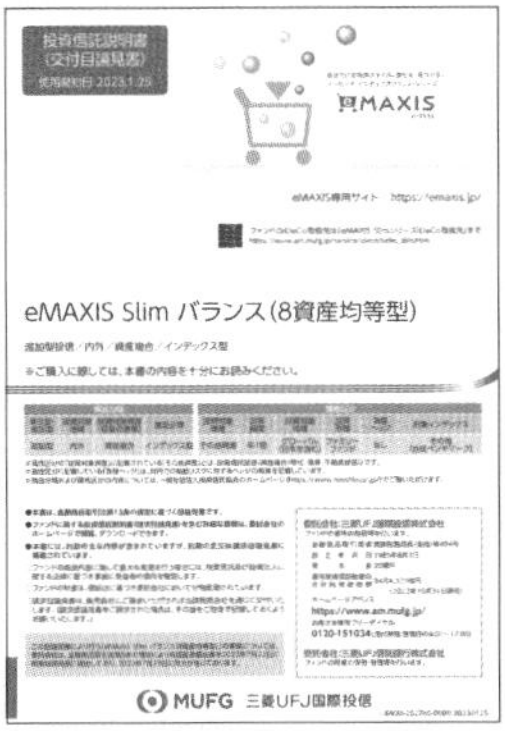

■交付目論見書に記載されている内容
- ファンドの目的、特色
- 投資対象（とそのインデックス名）
- 関係する投資リスク
- 運用実績
- 組入上位の通貨
- 組入上位の銘柄

運用目標や手数料など必要となる情報が記載されている。
通常はこちらを読めばOK！

出典：
三菱UFJ国債投信「MAXIS Slim バランス（8資産均等型）」

請求目論見書

投資方針や投資対象のさらなる詳細を知りたい場合はこっちも読もう

月次レポート

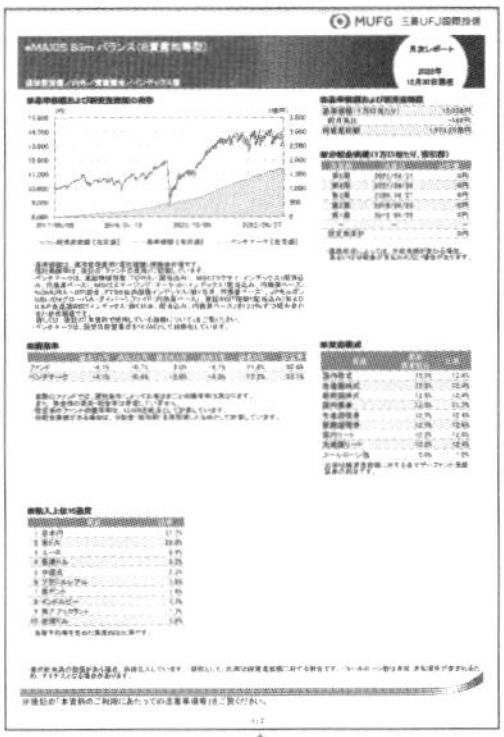

毎月の投資実績や最新の資産状況などがチェックできる！

Point

目論見書を読むだけでファンドの方針・コストが全部わかる！
購入前に必ず目を通そう

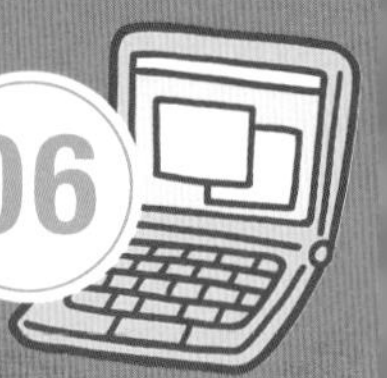

06

確定申告をする手間をなくそう

これで税金申告の必要なし！「特定口座」がとっても便利

投資信託の売却で得た利益には当然、税金がかかってきます。本来、税金は自分で申告・納税（確定申告）をしますが、自営業でもない限り、会社頼みだった確定申告を自分でしろといわれても、めんどうですよね。

そうした税金の悩みを解消する便利な機能が、ネット証券口座の「特定口座」です。

税金に関するめんどうな手続きを全部お任せ！

特定口座とは、簡単にいえば**「投資信託の売買にかかる税金の確定申告を、証券会社が代わりに行ってくれる口座」**です。

会社員の場合は自分で確定申告をしなくても、源泉徴収という形式で会社が給与にかかる税金をあらかじめ差し引いて、まとめて確定申告（納税）してくれています。特定口座では、これを証券会社が代わりにやってくれるわけです。手数料もかからないところがほとんどです。

自分で確定申告を行いたいという人は、「特定口座（源泉徴収なし）」という口座を開設しておくと、確定申告に必要な「年間取引報告書」という書類を作成してもらえます。

申込時に選択しよう

特定口座を利用するには、ネット証券の口座開設時に申込みをする必要があります。口座開設の申請ページの中に特定口座の開設についての部分がありますので、特定口座を利用するかしないかを選択しましょう。

「確定申告などめんどうなことはしたくない」という人は、特定口座（源泉徴収あり）を利用するべし、と覚えておけば良いでしょう。毎年税務署に行く必要がなくなります。

「特定口座」なら税金の申告が必要なし!

投資信託で利益が出た場合

自分で利益を計算して
確定申告しないといけない!
忙しいのにめんどう!
利益を
申告
税務署

特定口座（源泉徴収あり）にて投資信託で利益が出た場合

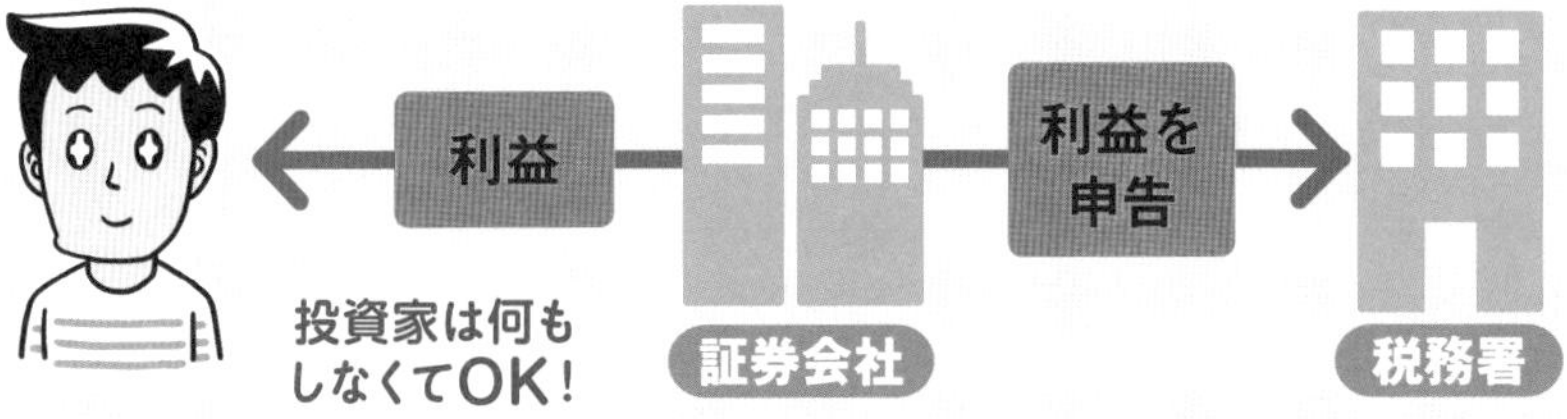
利益
利益を
申告
投資家は何も
しなくてOK!
証券会社
税務署

	証券会社がやってくれること	確定申告をする必要	どんな人向け?
特定口座（源泉徴収あり）	利益計算から確定申告まで	なし	めんどうなことは避けて全部お任せしたい人
特定口座（源泉徴収なし）	確定申告に利用できる「年間取引報告書」を作成	あり	申告は自分でするが利益計算はお願いしたい人
一般口座	特になし	あり	すべての申告を自分で管理したい人

100

Point

確定申告の手間がなくなる
特定口座をしっかり活用しよう!

07

ファンドの推移がわかる

過去の実績！「騰落率」と「トータルリターン」をチェック

ファンドをチェックしていると、「騰落率」と「トータルリターン」という、2つのグラフが掲載されているのを目にします。

どちらも「1年：○%」のような形式で表示されていますが、どういう違いがあるのでしょうか。

価格変動を示す「騰落率」

騰落率は、一定期間に基準価額がどれだけ変動したかを表すものです。

前日比や1週間、1ヶ月、そして3年、5年や設定来（運用開始から全期間）など、幅広い期間で基準価額がどれだけ変動したのかをチェックできます。

リターンの変動を表す「トータルリターン」

それに対してトータルリターンは手数料や分配金などを差し引いて計算した、一定期間のリターンの変動を表すものになります。

単純な基準価額の上下を示す騰落率よりも、トータルリターンのほうが実情にあった数値だといえます。

こちらも騰落率と同様に、期間をわけてチェックできます。

長期で見るのがコツ

どちらの数値も、**長期で変動を見て、どれだけ成長しているかを判断する**のが良いでしょう。

ただ、これらはあくまで過去の実績ですので、今後どう変動するかは誰にもわかりません。

また、運用を開始してすぐのものは短期間の実績しか表示されていない場合もあるので、その際は運用の指標などをチェックして、リターンがどれぐらいになるかを想定するのが良いでしょう。

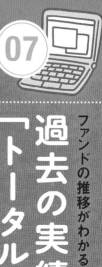

「騰落率」「トータルリターン」とは?

ある期間内での資産価値の上昇・下落率を示すもの。
騰落率とトータルリターンは比べる対象が違うだけ

騰落率

集計する期間	騰落率
前日比	-0.87%
1週間	-0.72%
1ヶ月	+1.15%
6ヶ月	+3.24%
1年	-2.67%
5年	+6.82%
設定来(全期間)	+5.51%

騰落率は
基準価額の変動率のみ
を表したもの

6ヶ月前と比べて現在は
3.24%成長している
ということを示している

トータルリターン

手数料などを
差し引いた上で、3年で
約7%成長している

	1ヶ月	6ヶ月	1年	3年	設定来(全期間)
当該ファンド	-1.17%	-0.98%	+2.33%	+6.99%	+8.91%
カテゴリ平均	+0.21%	+1.39%	-3.34%	+5.13%	—

トータルリターンはコストや分配金などを含めた
変動率を表したもの

Point

同じ指標のインデックスファンドどうしでも
運用コストによって
トータルリターンは異なってくる!

08

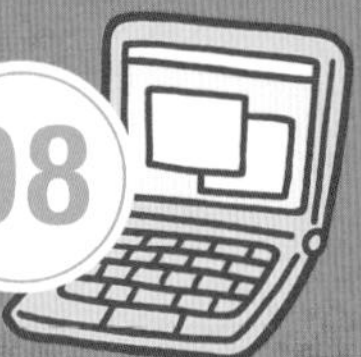

為替変動の影響をおさえる「為替ヘッジ」のしくみ

損しない代わりに大きな得もない

投資信託を調べていると、同じ投資信託の中でも「為替ヘッジあり」「為替ヘッジなし」にわかれている場合があります。この2つはどう違うのでしょうか？

「為替ヘッジ」は保険

為替ヘッジとは、いわば為替レート変動に対する「保険」です。為替ヘッジ「あり」は、為替変動のリスクを避けることができます。

例えば米国株式のファンドを購入したあとに円高・ドル安になってしまうと、ドルの価値が下がるため損をします。しかし、為替ヘッジありの投資信託の場合は、この保険が効いて、**ドルの価値が減っても、基準価額が下がらず、損をしない**ようになっています。

とはいえ、逆もあり得ることで、円安・ドル高になった場合、本来受けられる利益を受けられないということにもなります。

また、手数料もかかるため、為替ヘッジなしのファンドよりも運用中の手数料が多くかかります。近年は為替の変動が大きくなっており、**ヘッジにかかる手数料も急上昇している**ことには注意が必要です。

結論としては、「為替ヘッジあり」は手数料を払ってでも為替リスクをおさえたい人向け。

「為替ヘッジなし」は、為替変動のリスクもリターンも受け入れる、という人向けとなります。

ただし、必ずしもすべてのファンドにヘッジあり・なしの選択肢が用意されているとは限りません。

名前に「為替ヘッジ」が入っていない場合は、そのまま単純に「為替ヘッジなし」の方針をとっている場合がほとんどです。

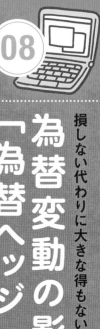

為替ヘッジは外国資産に投資するときの保険

米国株式・為替ヘッジありの投資信託の場合

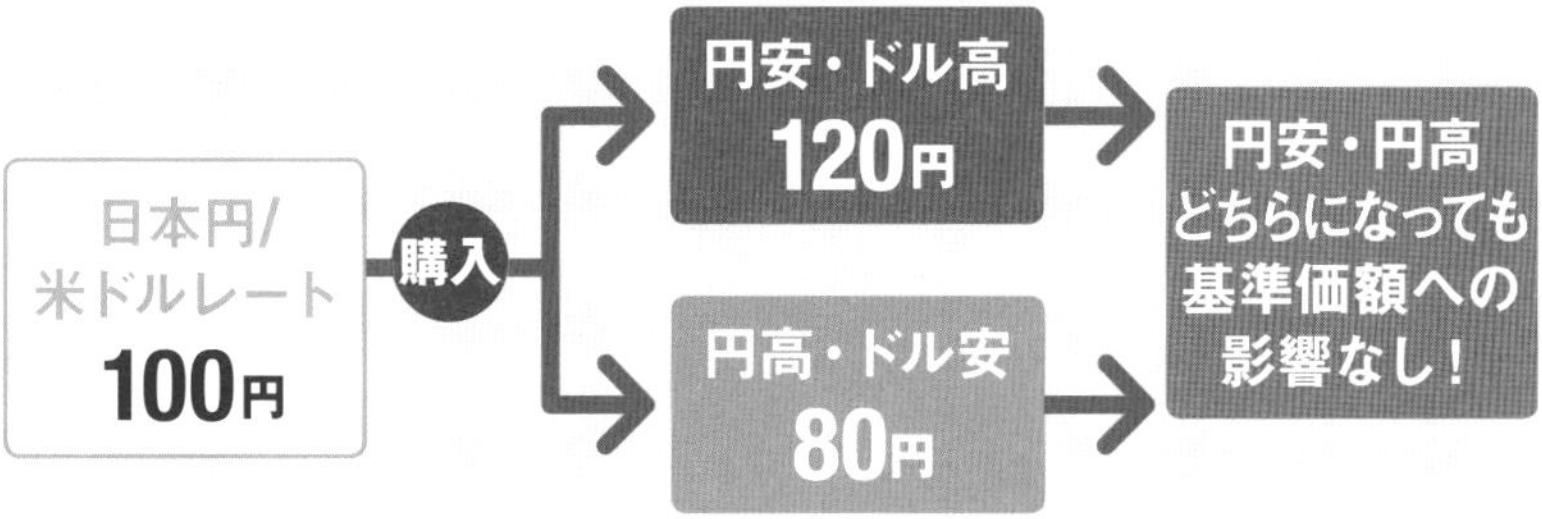

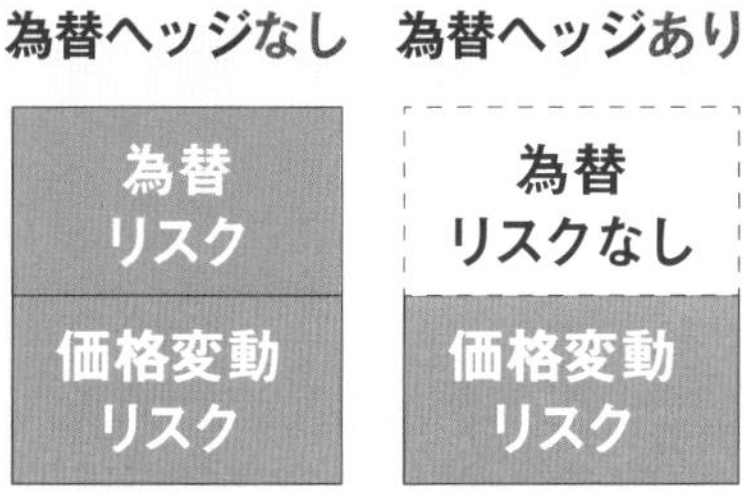

為替ヘッジありにすると、
為替リスクをおさえることができる
（価格変動リスクは残る）

通貨安になっても損をしない代わりに
通貨高になっても得をしない

為替ヘッジには手数料がかかる！
ファンドの信託報酬に上乗せされる形で徴収される。
→為替ヘッジのコストはヘッジなしなら低く、ヘッジありなら高くなる

Point

為替ヘッジのしくみを備えていない
ファンドもある
（通常は為替ヘッジなし）

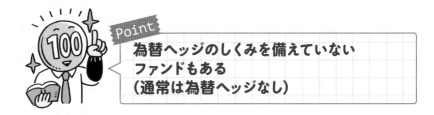

09

ファンドを組み合わせて「ポートフォリオ」をつくる

リスクを分散し、安全性を高める

ポートフォリオとは**資産の組み合わせの比率や内訳のことを指します。**

投資の世界では一般的に、ポートフォリオは現金や株式、債券あるいは不動産など、幅広い資産で構成されたものを指しますが、ここでは主に投資信託の中でのポートフォリオについて触れたいと思います。

資産を分散させてリスクは最小限におさえるべき

投資の世界には「卵は1つのカゴに盛るな」という言葉があります。

これは1つのカゴにすべての卵（資産）を盛っていると、そのカゴを落としたらすべての卵が割れてしまう危険があるので、卵は複数のカゴにわけて盛っておくべきだ、という意味の格言です。

投資信託も、**特定の国や資産だけに投資するのではなく、幅広いカテゴリに投資をしておくことが重要**です。

そうすることで、もし1つのカゴが落ちて（暴落して）しまっても、致命傷を免れることができます。

幸い、投資信託は1つを購入するだけで、簡単に世界各国に分散投資できるものがあります。

投資信託の運用を続けていく上で、いろいろな資産を組み合わせてどのような資産配分としていくか決めることを「ポートフォリオをつくる」といいます。

リスクを多めに取って資産をどんどん増やすことを考えるか、それとも資産を減らすリスクを最大限避けて堅実に運用していきたいか、どちらの考え方にするかで、ポートフォリオのつくり方は変わってきます。

自分の性格にあわせてつくりましょう。

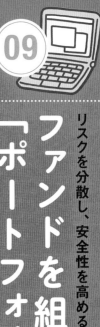

リスクを分散することの重要性

投資の有名な格言→「卵は1つのカゴに盛るな」

カゴがひっくり返ると、その中の卵はすべて割れてしまう。
複数の卵（資産）を持つことで、すべて割れてしまうリスクを避ける

資産が国内の預金のみの
ポートフォリオ

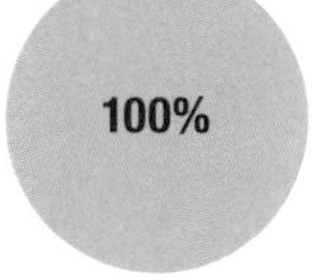

日本円や国内経済が
不安になったときにリスク大

世界各国の株式に分散している
ポートフォリオ

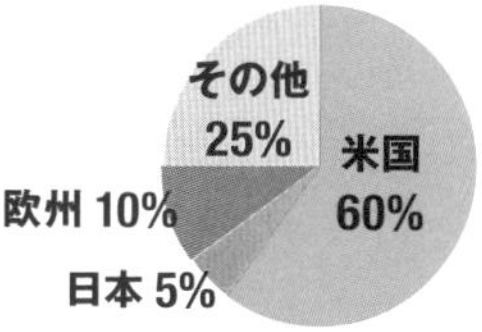

どこか1つの国の経済が不安定になっても
リスクが分散されているので比較的安全

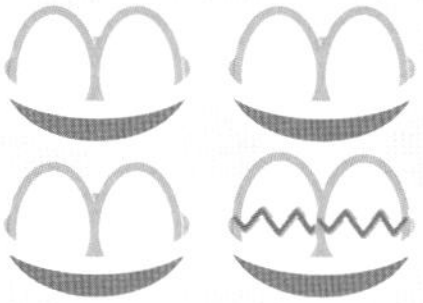

株式や債券、複数資産に
分散しているポートフォリオ

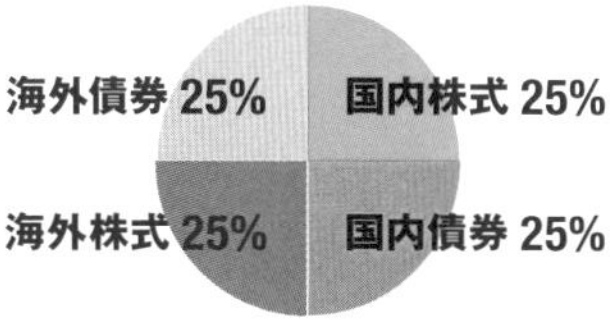

特定の資産が下落しても
その他の資産でバランスを取って
リスクが軽減できる

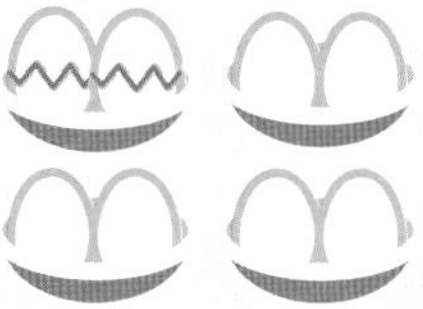

Point

リスク分散は投資の基本中の基本！
まずは「何かに依存しない資産」を
つくっていこう

10

年間３６０万円までの投資なら非課税に

今注目の「ＮＩＳＡ制度」でお得に投資しよう！

　投資信託にはＮＩＳＡ制度と呼ばれる、投資の利益にかかる税金を免除してくれる節税制度があります。

　２０２４年から新しくなるこの制度は「つみたて投資枠」「成長投資枠」の２つの大枠でできており、両方とも自由に使うことができます。

３６０万円まで非課税に！

　ＮＩＳＡ制度は１年間で投資できる金額が非課税枠として決まっています。つみたて投資枠は年１２０万円、成長投資枠は年２４０万円、あわせて３６０万円までが非課税枠となります。つまり、３６０万円までの投資であれば、税金がかからず投資ができるということです。

まずは「つみたて投資枠」で節税！

　つみたて投資枠では、**「優良な投資信託」と認定されたファンドのみが購入可能**です。

　それに対し、「成長投資枠」は自由に投資信託が選べ、それ以外の投資商品、例えば単体の株式などに投資することもできます。

　そうした株式の配当金にかかる税金もＮＩＳＡの枠内であれば免除され、配当金をまるごと受け取ることが可能です。

　ということで、まずは**「つみたて投資枠」の１２０万円をしっかり使っていき、それ以降で「成長投資枠」で株式を選んで購入したり、さらに投資信託に投資したりしていく**使い方が良いでしょう。

　１年の満額は３６０万円ですが、上限ＭＡＸまで投資しないといけないわけではありません。枠は豊富に用意されているので、それぞれみなさんの投資可能な金額で積立するのが良いと思います。

新NISA制度でお得に投資！

**NISAの非課税枠で投資した場合に
投資の利益にかかる税率**

20.315% → 0%

投資で10万円の利益が出た場合

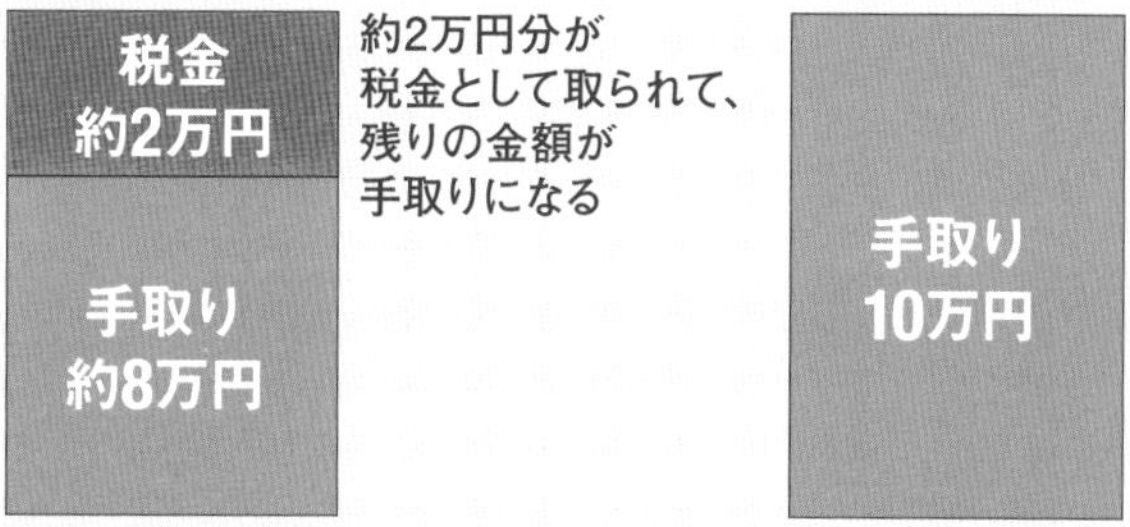

通常：約2万円分が税金として取られて、残りの金額が手取りになる

NISA口座：NISAで投資した投資信託なら、10万円の利益を無税で全額もらえる

証券会社によってはNISA口座開設に特典がある場合も！→49ページ

■NISA口座を利用する手順

①証券会社の口座を開設する
②その証券会社でNISA口座も開設する
③非課税枠を使って投資信託を購入

Point

**2024年から新制度となり、今までよりも使いやすくお得になった。
投資信託に投資するなら、絶対使おう！**

11

非課税の期間が撤廃!

新しいNISAのしくみを理解しよう

もう少し詳しく、NISA制度について見てみましょう。左ページの図をご覧ください。

ずっと非課税で運用可能!

以前は非課税となる期間が設定されていましたが、新制度では恒久化、つまり一度投資したらずっと非課税のまま運用をすることが可能となりました。長期投資をする上で、期間が制限されていないことは望ましく、より便利な制度になっています。

気をつけたいのは、新NISA制度には**生涯投資枠の上限が設定されている**点です。金額は1800万円で、NISA枠としてこれ以上の金額を保有できません。

仮に360万円を毎年フルに投資していくと、5年で生涯のNISA枠が埋まることになりますね(もちろん、NISA枠が埋まっても、一般の口座として投資信託を購入していくことは可能です)。

1800万円は「保有の限度額」ですので、投資信託を売却して、この枠を再び空けることも可能です。

例えば結婚資金のために投資信託で長期運用をしておいて、いざ500万円分を売却した場合、その利益にかかる税金は無税となりますし、新たに500万円分、NISAの非課税枠で投資し直すこともできます。

NISAを利用するには、証券会社の口座と別に「NISA口座の開設」が必要となります。この口座開設は証券会社のホームページから申請するものとなりますが、どの証券会社でも無料で開設が可能です。また、証券会社によって異なる特典がある場合もあるので、そちらもあわせて確認してみましょう。

NISAの非課税枠を活用しよう!

年間360万円までの投資なら、
税金がかからずに投資できる!

つみたて投資枠 **120万円**	優良な投資信託に投資できる 安心投資の枠
成長投資枠 **240万円**	株式や投資信託など 自由に選んで投資していける枠

非課税枠は毎年、新しいものが利用可能

2024年	2025年	2026年	
つみたて投資枠 120万円	つみたて投資枠 120万円	つみたて投資枠 120万円	…
成長投資枠 240万円	成長投資枠 240万円	成長投資枠 240万円	

毎年非課税枠を
順々に使うことが
できる!

	つみたて投資枠	成長投資枠
年間投資枠 (いくら投資できるか)	**120万円**	**240万円**
非課税期間 (いつまで非課税か)	無期限	無期限
非課税保有限度額 (NISAで投資できる上限)	**1,800万円**	成長投資枠は1,200万円まで
投資対象 (それぞれの枠で買える商品)	積立・分散投資に適した 一部の投資信託のみ 投資可能	一般に上場されている 株式・投資信託から 自由に投資可能
利用できる人	日本国内在住の18歳以上の方	

100

Point

「1年で360万円までなら税金がかからない」
と覚える。しっかり活用して節税しながら
投資しよう!

老後のために資産運用しよう!

「iDeCo制度」も活用しよう

老後の備えとして役に立つのが、iDeCo（イデコ）制度です。**「自分用の年金を自分で運用しよう」**という目的でつくられたこの制度は、20～65歳までの方が利用することができます。

掛金が控除の対象になる!

iDeCoのメリットは、**投資した掛金が全額控除の対象となる**点です。投資した金額がまるごと控除され、毎年の住民税・所得税が軽減されます。**投資した掛金が控除の対象となるのは、iDeCo制度のみのメリット**です。

確実に老後の備えが蓄えられる!

iDeCoのデメリットは、**60歳になるまで原則解約できない**点です。老後の備えとしての資産運用ですから、60歳までは「手をつけられないお金」になってしまいます。

ですが、このデメリットは、考えようによってはメリットでもあります。解約できないことは、資金に手をつけてしまうこともないですから、本当の意味で老後の備えとして着実に運用していくことが可能だ、ともいえますよね。

また、先ほど紹介したNISA制度とあわせた利用も可能です。

NISAとの違いは投資した資産を自由なタイミングで解約できるかどうかです。どちらも長期投資を目的とした制度ですが、NISAは資産の売却タイミングに制約はありません。

老後の備えとして資産運用していく分はiDeCoで、老後よりも前に使う目的で資産運用をする場合はNISAで、という形で、使い分けていくのが良いでしょう。

iDeCoで老後に備えて節税もしよう!

iDeCoのメリット

①掛金が全額、所得控除される（住民税・所得税が安くなる）
②運用期間中も、非課税で再投資される（有利に運用できる）
③60歳になったら、年金として定期的に受け取れる

iDeCoのデメリット

①原則、60歳になるまで資産が受け取れない
②限られた投資対象にしか投資できない

【例】会社員　年収600万円→課税所得が298万円となる場合

iDeCoに加入しない場合

課税される所得
298万円

会社員の場合
年収から決まる
所得によって
住民税・所得税額が
決まる

iDeCoを利用しない
場合は減税なし！

住民税・所得税
59.6万円

iDeCoに加入している場合

iDeCo掛金
14.4万円

課税される
所得
283.6万円

iDeCoで投資した
掛金分が控除され、
その分、課税所得を
減らすことができる！

iDeCo利用で
住民税と所得税が
減税に！

住民税・所得税
56.7万円
（2.9万円の減税）

NISA制度と併用も可能
目的に応じて使い分けよう！

NISA制度：60歳までに使うための資産運用
iDeCo制度：60歳以降で使うための資産運用

Point

60歳になるまでお金が引き出せなくなるが、老後の備えにも、現在の節税にもなるお得な制度！

13

iDeCoのしくみを理解しよう

価格変動型を選んで長期投資をするのがオススメ

　もう少し詳しく、iDeCo制度について紹介していきます。

　iDeCo制度は、**投資家の環境によって1年間の投資の上限が決まります**。例えば自営業の人は年81.6万円まで、企業年金のある会社員は年14.4万円までと、かなりの幅があります（左ページの表を確認してください）。

　また、iDeCoをはじめるときと、60歳以上になって資産を受け取るとき、それぞれiDeCo利用の手数料がかかります。ただ、節税できる金額（掛金）と比較すると小さな金額ですので、iDeCoを利用するための事務手数料と考えれば良いでしょう。

価格変動型がオススメ

　iDeCoで投資できる対象には「元本確保型」と「価格変動型」の2種類があります。

　元本確保型は、定期預金や保険など投資した資金がそのまま保証されます。価格変動型は、ここまで説明してきた投資信託がこれにあたります。投資した資金が増えたり減ったりと、価格が変動する可能性があるタイプですね。

　この2種類のうち、基本的には価格変動型で投資信託を選ぶのが良いでしょう。

　日本の定期預金の金利は現在もほぼゼロ金利レベルですので、長期投資をしても、ほとんど利息がつきません。普通に定期預金をしているのと、結局なんら変わらないということになってしまいます。それならば老後の備えとして、**長期投資前提で株式などの投資信託を購入して、老後資金を少しずつ増やしていく**ことを考えるのがベストです。

iDeCo制度のしくみ・早わかり!

■掛金の上限

	掛金の上限	
	月額	年額
自営業者など	6.8万円	81.6万円
企業年金に 加入していない会社員	2.3万円	27.6万円
企業型DCのみ 加入している会社員	2.0万円	24.0万円
上記以外の会社員	1.2万円	14.4万円
公務員	1.2万円	14.4万円
専業主婦 専業主夫	2.3万円	27.6万円

みなさんの
環境によって
投資できる
掛金の上限が
決まるので
しっかり
確認しよう!

■iDeCoの手数料

iDeCo加入時	運用期間中	年金給付時
2,829円 (初回のみ)	171円〜600円程度 (証券会社ごとに異なる)	440円 (給付ごとに毎回)

■iDeCoの投資対象には2タイプある

元本確保型
定期預金や保険など
投資した元本の金額が
保証されるタイプ
↓
ローリスクだが
リターンもかなり低い

価格変動型
通常の投資信託と同様、
株式や債券などの
資産を対象としたタイプ
↓
リスクもあるが
リターンも見込める

Point

元本確保型とはいえ、物価高や為替レート変動で価値が下落する可能性があることには注意しよう!

COLUMN

NISAとiDeCo、どう使い分ける？

どちらも税金面で優遇される制度ではありますが、しくみも目的も異なる制度ですので、みなさんの環境によって、使い分けていきましょう。

まず前提として、NISA口座は必ず使いましょう。NISAは条件なく口座が開設でき、じゅうぶんすぎるほどの非課税枠をもらえるので、まずはこの非課税枠を使って投資していくことを考えるべきです。

年360万円という数字は、おそらくそうそう簡単には埋まらないと思うので、あまり上限を気にしすぎずに、NISAの枠をしっかり使っていきましょう。

正直にお話ししますと、実はぼく自身、NISAはフル活用していますが、iDeCoは利用をしていません。

その理由は、やはり60歳まで資金が拘束されるという点です。

ぼくの投資の目的は、安心して今を過ごすための備えをつくることと、配当金からの不労所得を手に入れて、今の生活を豊かにすることにあります。

60歳になったとき、自分も社会もどうなっているかわかりませんし、老後は老後で過ごすための収益を今のうちから配当金の形でつくっていきたいという目標もあります。

そうなるとiDeCoは目的とは合致しないため、あえてNISAのみに絞って、毎年の非課税枠をフルに使うようにしています。

使っていない……とはいえ、それはiDeCoを否定するわけではなく、あくまで目的の違いです。

今後の制度変更や、歳を取るにつれて、iDeCoを利用するメリットが高まれば、利用する可能性も、もちろんあります。

CHAPTER 4

第4章

投資信託の種類を見てみよう

01

何を選ぶかで結果が決まる

運用したいスタイルにあわせたカテゴリ選びを！

この章では、具体的な投資信託の種類について紹介していきます。

カテゴリ選びで動きが決まる！

投資信託では、カテゴリ選びが最も重要です。なぜなら、どのような傾向のカテゴリのファンドを選ぶかで、値動きやリスク・リターンなどが決まってくるからです。

自分の性格が「頑張って稼いだお金は絶対に失いたくない、安全に持っておきたい！」タイプであれば、ローリスク・ローリターンな性質の資産に投資するのが良いでしょう。

逆に、「資産をどんどん大きくしていきたい、投資の醍醐味を味わいたい！」タイプであれば、ある程度リスクが大きくても、大きなリターンが期待できる資産に投資していくのが良いと思います。

このように**「どれぐらいのリスクを負えるか」というのはみなさんの性格しだい**です。性格と照らし合わせて、それにあった性質のカテゴリを選ぶことが重要です。

年齢もカテゴリ選びの指標

みなさんの年齢と、あと何年働けるか、ということもカテゴリを選ぶ要素の1つです。

20～30代で「これからまだまだ働いて稼いでいく！」状況であれば、多少のリスクを取っても長期投資で資産を増やしていくことが可能ですから、リスク・リターンの高い資産を選んでも良いでしょう。

一方、40～50代と、老後に向けて資産を確保していく段階に入ってきたのであれば、あまり大きなリスクは取らずに、比較的安全で少しずつリターンが得られるカテゴリを選んでいくべきです。

自身のスタイルにあわせたカテゴリ選び

自分が稼いだお金はなるべくなら減らしたくない！

→ ローリスク・ローリターンで運用

40～50代

債券などの
ローリスクな
投資信託を選ぼう！

積極的に資産を増やしていきたい！

→ ミドルリスク・ミドルリターンで運用

20～30代

株式をメインに据えた
投資信託がオススメ！

定年までの期間

20代：40年運用可能 → 積極的にリスクを取って資産を増やす
30代：30年運用可能 → リスクを取りつつも使うお金は確保
40代：20年運用可能 → 徐々にリスクを下げていく頃合い
50代：10年運用可能 → 資産を守って60代を迎えることを視野に入れる

Point

年齢・性別にかかわらず、自分自身にあっていると思うスタイルを見つけよう！

02

コストをおさえて安定的に推移する

安定的に運用する「インデックスファンド」

投資信託には大きく「インデックスファンド」と「アクティブファンド」の2つがあります。

まずは「インデックスファンド」について説明しましょう。

インデックスファンドとは、ある特定の指標（インデックス）の値動きに沿って投資することを目標としたファンドです。

インデックスファンドはその指標に登録されている銘柄を広く購入します。つまり、**インデックスファンドを購入すると、その市場の銘柄を幅広く保有しているのと同じような状況になります。**

市場の値動きの平均を狙う手堅いタイプ

インデックスファンドが目安とする指標として有名なものに「日経平均株価」があります。「平均」と書いてある通り、登録されている銘柄の株価の平均を数値化したもので、堅調な値動きをします。

ファンドの値動きが、日々目にする指標と連動するため、**しくみがシンプルで、理解しやすいタイプ**だといえるでしょう。

低コストのものが続々登場している！

また、インデックスファンドは、**運用コストを低くおさえられる**ことも特徴です。

運用にあたり詳細な市場調査や高度な判断を求められるわけではなく、あくまで指標通りに売り買いをするだけですので、コストが低くなるのも当然です。

そのため、インデックスファンドでは近年、どんどん低コストのものが登場してきています。

安定的な運用が見込めるインデックスファンド

購入 →

インデックスファンド

日経平均株価

NYダウ　TOPIX

指標に沿って
投資するだけのシンプル運用
運用コストが低い！

このファンド1つで
市場の平均に
投資できる！

例 指標の例

日経平均株価	**国内株式インデックス** **東証1部上場の225銘柄の平均を表した指標**
TOPIX	**国内株式インデックス** 東証1部上場の全銘柄の値動きを対象とした指標
NYダウ	**米国株式インデックス** **米国を代表する30社の平均を表した指標**
S&P500	**米国株式インデックス** 米国を代表する500銘柄の平均を表した指標
MSCI オールカントリーワールドインデックス	**全世界株式インデックス** 日本を含んだ全世界の株式を含めた指標

Point

インデックスファンドは
分散投資でリスクも減らせて
コストもおさえられる！

03

運用会社の手腕しだい

目的に従い戦略的に投資する「アクティブファンド」

続いては「アクティブファンド」です。

インデックスファンドは市場の平均を目標とするファンドでしたが、アクティブファンドは市場平均のさらに上を狙うファンドです。

市場の平均以上を狙う積極的なタイプ

市場の値動きの平均以上を狙うので、どれか成長が期待できる特定の銘柄を複数選択し、集中的に投資していく、という動きになります。

わかりやすくいえば、**ある指標の値動きの対象となっている銘柄の中から収益性や成長性を判断し「今後成長が期待できるもの」を選び投資するのが**、アクティブファンドです。

医療・バイオ系など、特定の業種が今後伸びると期待して、その分野にのみ投資するファンドも、アクティブファンドに入ります。

コストも高くなる傾向に

アクティブファンドはインデックスファンドよりも運用が複雑なので、運用コストも高くなる傾向にあります。

今後伸びる銘柄を選択するという調査・検討が入ることに加え、より多い収益を上げるために売買を繰り返すコストも多くかかりますので、当然といえば当然です。

しかしながら、運用のプロであっても必ず市場平均を上回れるわけではありません。

市場の変動や動向によっては、市場平均と同程度になるか、もしくは下回る場合もあり得ます。

このように、**インデックスファンドと比べるとアクティブファンドは総じてハイリスクのタイプだといえます。**

戦略的に投資するアクティブファンド

投資家

購入

アクティブファンド

今後伸びそうな銘柄を
選んで投資！

運用会社

運用会社が銘柄を選択して投資
その分運用コストは高い！

市場平均よりも
大きく儲かることも！

**コロナショック後、株価が大きく回復するにつれて
大きくリターンを伸ばしたファンドもある**

インデックスファンドとアクティブファンドの違い

インデックスファンド	アクティブファンド
指標	運用会社
↓	↓
指標の組入銘柄	特定の銘柄
指標に沿って機械的に買う	「人」が銘柄を選んで買う

Point

**積極的に投資し、成功すれば大きいが、
その分コストも大きい**

04

世界中で投資されている！

投資信託の主流「株式型」

株式型とは、読んで字のごとく株式に投資するものです。株式型の中にもインデックスファンドとアクティブファンドの2種類があります。

債権型（104ページ）と比べると、相対的にハイリスク・ハイリターンの傾向にあるのが特徴です。

株式型の中にも、日本の「国内株式」や海外の「先進国株式」「新興国株式」と、いくつかの種類があります。日本国内株式・先進国株式はミドルリスク・ミドルリターン、新興国株式はハイリスク・ハイリターンとされています。

国だけでなくその地域によってもリスクの特色などが違うので、**みなさんのリスク感にあった地域を選択する**ようにしましょう。

基本はほったらかし

株式投資というと個別株を選んで投資して、タイミングを見て売却して……というイメージがありますが、株式インデックスの投資信託では、その必要はありません。

ここまで説明した通り、**買う対象の国・エリアを決めたらあとは基本ほったらかしでＯＫ**。インデックスに登録されている銘柄に自動的に分散投資して、その利益を受け取れます。

手数料が低い！

株式インデックスのメリットとして、**手数料がかなり低い**ことが挙げられます。インデックスに沿って投資をするだけなので、運用のコストが低くおさえられ、その分効率よくリターンが得られるようになります。

世界で最も投資されている投資信託は株式型といっても良いでしょう。

株式投資はミドルリスク・ミドルリターン

そもそも株式とは……

株価が値上がり
すれば、それも株主の
利益となる！

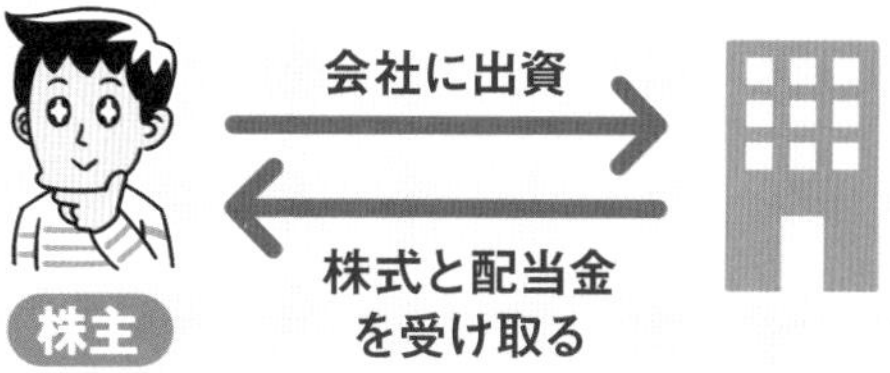

世界各国の株式市場に分散投資できる！

地域別の株式投資の特徴は……

	国内株式	先進国株式	新興国株式
リスク	ミドルリスク	ミドルリスク	ハイリスク
リターン	ミドルリターン	ミドルリターン	ハイリターン
為替レートの影響	なし	あり	あり

例 初心者にオススメできる株式型ファンド

ニッセイ日経225インデックス

カテゴリ	国内株式
投資対象	日経平均株価
運用期間	2004年1月～
信託報酬（年）	0.275%

eMaxis Slim 米国株式（S&P500）

カテゴリ	米国株式
投資対象	S&P500 インデックス
運用期間	2018年7月～
信託報酬（年）	0.09%

Point

資産形成するなら外せない株式型！
著者もメイン投資は株式インデックス

05

資産倍増の大本命「米国株型」

暴落を経ながらも長期間成長している有望な株式市場

株式投資の大本命は、米国株式です。米国株は世界各国の株式市場で最も市場規模が大きく、そして長期間にわたって上昇を続けている、非常に有望な株式市場です。

リーマンショックやコロナショックなどの暴落を経ながらも、株価を素早く復活し、さらに株価を成長させる力強さもあります。左ページの国ごとの株式市場のグラフに米国株の市場の力強さが表れています。

米国株は株主への還元重視！

米国の株式会社は、**「株主への還元」をとても重要視しています**。株価の上昇や配当金などで投資家に対してしっかりと利益を還元していく文化があるため、しっかりとリターンで返ってくることが期待できるのです。

短期間で見ればやはり下落もあり得ますが、それ以上に力強い米国株は、長期投資にも向いています。

簡単で、手数料も安い！

資産形成においては米国株式インデックスが最適です。また、通貨的な観点からも、世界の基軸通貨である米ドル資産となるため、**レートが円安に動いた際は、逆に資産が増えて儲かる**側面もあります。

投資信託を使えば米国の主要な企業全体に分散投資できますので、非常に簡単です。また、手数料も非常に低くおさえられるのも特徴ですね。

ちなみにぼくは本書と同じシリーズの**『超ど素人がはじめる米国株』**という書籍で、米国株の投資についても紹介しています。こちらは投資信託の形ではなく、株式を直接保有して、配当金を得ていくことを目的としています。

世界最強の米国株式

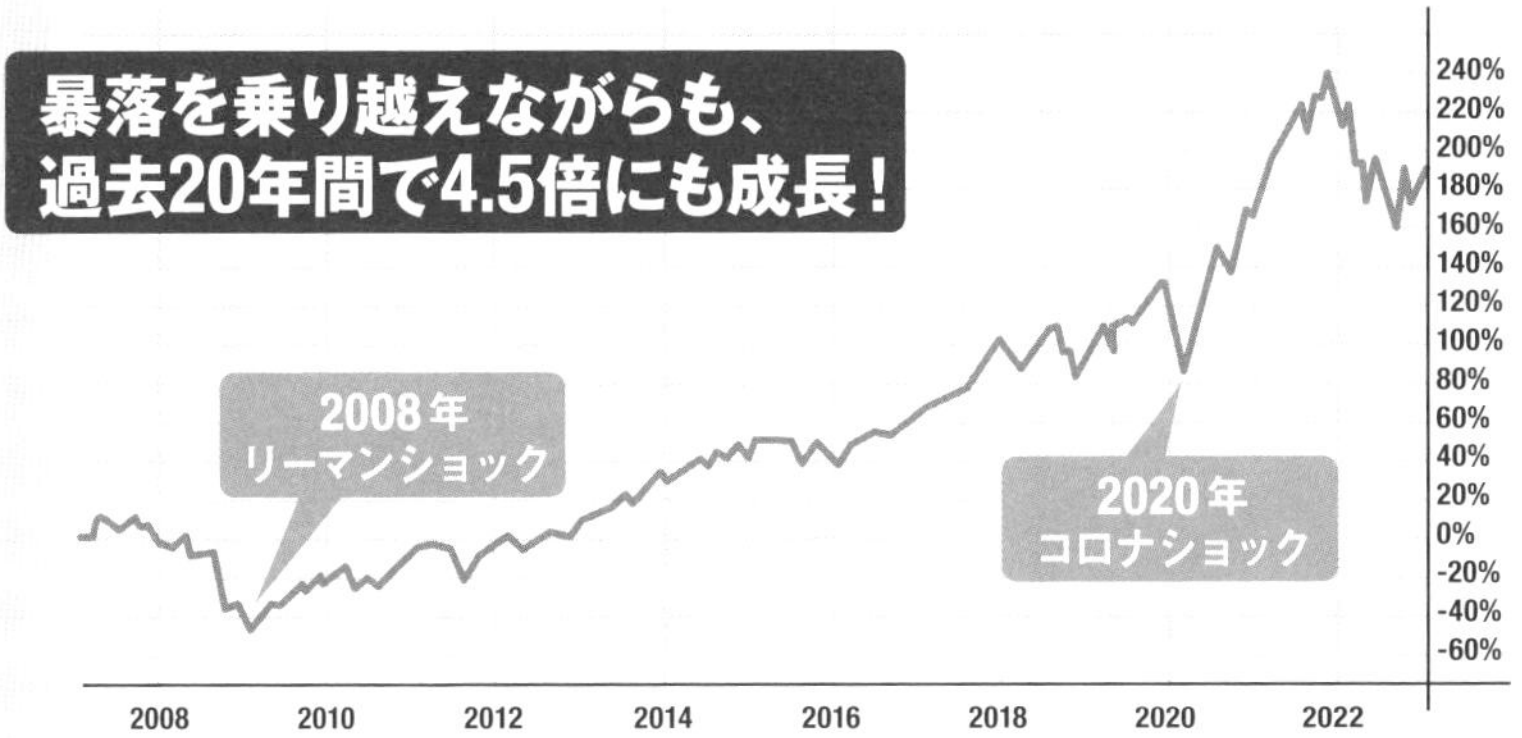

米国株のメリット

長期的に成長し続けてきた実績がある	株主への還元意識が高く、配当がしっかり出る	グローバル企業が多く、世界全体の成長の恩恵を受け取れる

対象インデックスの国・地域別構成比率

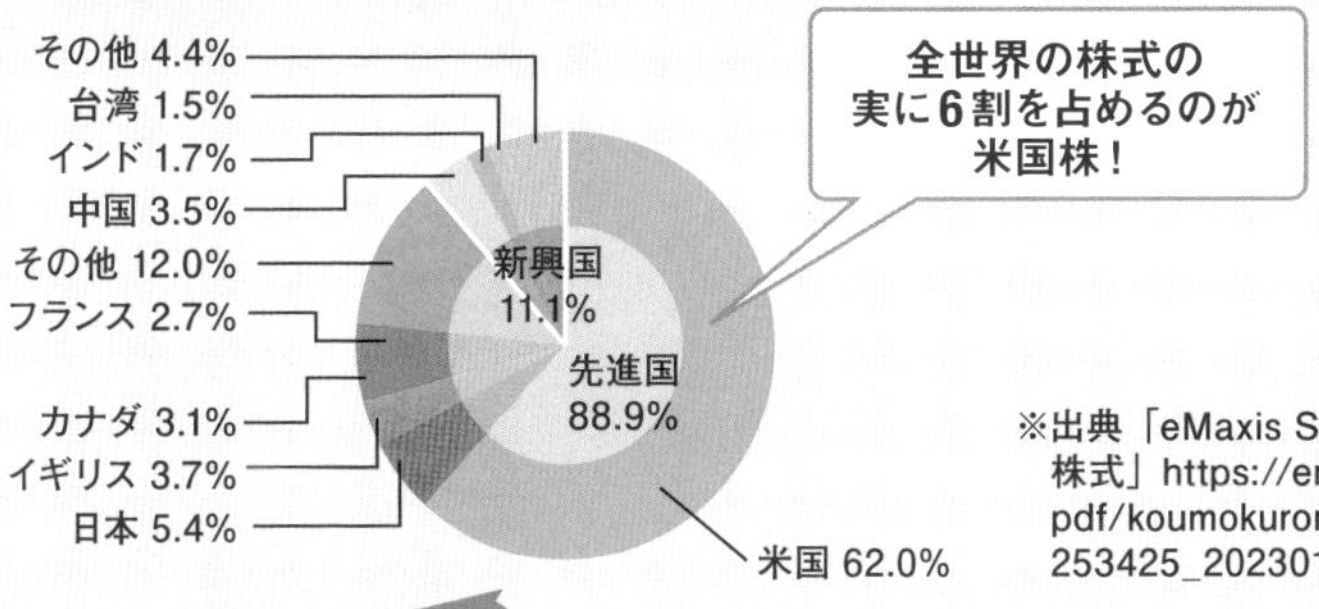

※出典「eMaxis Slim 全世界株式」https://emaxis.jp/pdf/koumokuromi/253425/253425_20230125.pdf

Point

世界中の投資家が米国株に投資している！
右肩上がりで成長し続けるのが米国株

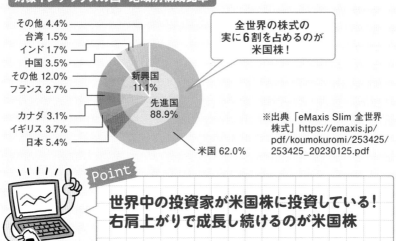

06

安全重視でコツコツ儲ける

ローリスク・ローリターンな「債権型」

債券型の投資信託とは、その名の通り、債権に投資するものです。

国や企業などにお金を貸す

債権には、国や企業などが発行するものがあります。こうした**国や企業などにお金を貸す代わりに、定期的に金利収入をもらうのが債権投資です。**

日本国が発行する国債や社債などに投資するのが「国内債券」です。海外にも同じしくみがあり、海外の国債・社債などに投資するのが「先進国債券」「新興国債券」ですね。

また、投資信託ですので、たくさんある国債や社債などに分散投資することができ、**ある特定の企業が破綻して債務不履行になる……というリスクをおさえることもできます。**

株式のように大きく基準価額が上昇することはないですが、着実に金利収入を得られる債権投資は、安心して投資したい方にとっては有力な選択肢です。

国内債権は基本ローリスク・ローリターンの投資対象ですが、先進国債権、新興国債券はハイリスク・ハイリターンになっていきます。

一般的に新興国は金利が高いため、債権で得られる金利収入も高いですが、海外資産は為替レートがあるためタイミングによっては円高・通貨安で損をする場合もあります。

また、国内債券でも気をつけておきたいのは、金利が上昇すると価格も下落する、つまり、投資信託の基準価額も下がるということです。

日本は長年ゼロ金利を続けてきましたが、世界的な事情もあり、今後金利が上昇する可能性が高くなってきました。そうなると、**安定を求めて国内債券に投資しても、価格が下がってしまうこともあり得ます。**

堅実に投資するなら債券型ファンド！

そもそも債券とは……

各国の国債・地方債や社債などに投資して金利を得る！

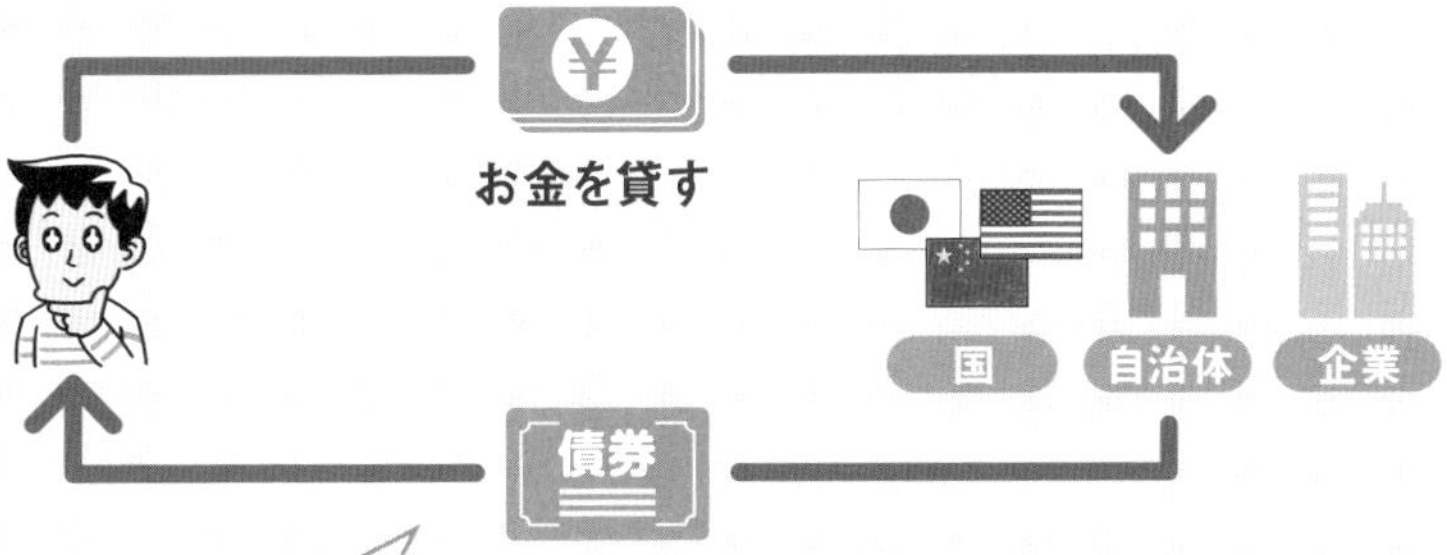

「〇年後に金利をつけて
お金を返す」
という約束を証券にしたもの

**国や自治体が破綻しない限り
金利は必ず支払われる**

ローリスク・ローリターン

**ローリスク・ローリターンの投資対象だが、
金利上昇局面では、債券価格は下がるので注意が必要！**

例 初心者にオススメできる債券型ファンド

eMaxis Slim 国内債券

カテゴリ	国内債券
投資対象	日本国債　100%
運用期間	2017年2月～
信託報酬（年）	0.132%

iFree　新興国債券インデックス

カテゴリ	新興国債券
投資対象	タイ・中国・マレーシアなどの新興国債券
運用期間	2016年9月～
信託報酬（年）	0.242%

Point

**・堅実にお金を増やしたい！
・老後に向けてリスクを減らしたい！
という人にオススメ**

07

不動産に興味がある人向け

少額からでも不動産投資が可能！「ＲＥＩＴ（不動産の投資信託）」

「ＲＥＩＴ《リート》」とは、簡単にいえば不動産に間接的に投資できるしくみです。日本や海外、世界各国の不動産に手軽に投資ができ、人気を集めています。

ワンコインで不動産投資ができる！

もともとは米国ではじまったもので、日本では「Ｊ－ＲＥＩＴ」という名前で２００１年から開始しました。現在では日米以外の各国でも、同様にＲＥＩＴの市場がオープンされています。

不動産投資は最低でも数百万円規模の自己資金が必要で、なかなか簡単に参入できない市場です。

しかし、**ＲＥＩＴを活用すればたった１００円ほどからでも不動産投資することが可能**です。

また、不動産投資は参入するのも大変ですが、物件をたくさん所有して分散投資をすることも非常に大変です。しかし、ＲＥＩＴであればそれも簡単に行えます。

ＲＥＩＴを投資信託として見て他のカテゴリと比べてみると、ミドルリスク・ミドルリターンという点で株式に近い値動きをする傾向にあります。

リスクの分散の効果は低い

ただ、市場規模は株式よりも遥かに小さいため、ＲＥＩＴ市場全体に分散投資しても値動きが大きくなりやすく、**リスク分散効果は株式と比べて低くなります**。

また、株式と同じように企業の倒産で資産価値がなくなってしまうリスクもあります。リスクをおさえたい場合は注意が必要です。

投資信託で不動産に投資!

REITって?

➡ 投資家から集めた資金で不動産投資して収益を投資家へ分配するしくみ

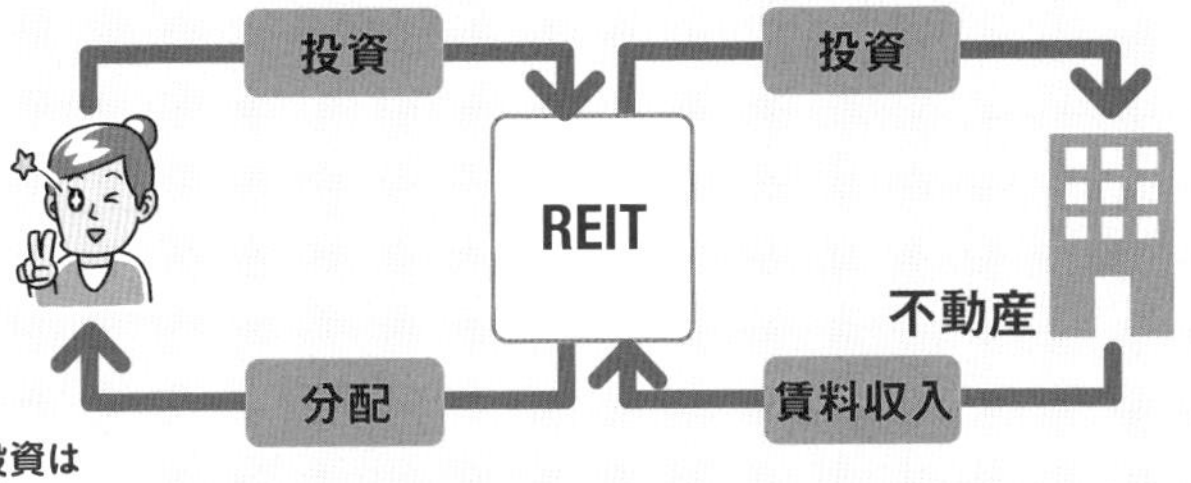

普通の不動産投資は
自己資金が
数百万円必要だが、
REITなら100円から
投資可能!

値動きは株式に近い!

ミドルリスク・ミドルリターン

通常、不動産投資には数百万円以上の資金が必要。
REITは、投資家からお金を集めて不動産に投資していくしくみ
➡100円からでも不動産投資が可能に!

例 初心者にオススメできるREIT

**ニッセイJリート
インデックス**

カテゴリ	国内REIT
投資対象	東証REIT指数（配当込み）
運用期間	2013年6月〜
信託報酬（年）	0.275%以内

**ダイワ・US-REIT・ネクスト
（毎月分配型）**

カテゴリ	米国REIT（毎月分配型）
投資対象	米国不動産（アクティブファンド）
運用期間	2020年9月〜
信託報酬（年）	1.573%

Point

**不動産に投資して賃貸収入を得るという
REITの特性上、
毎月分配型の投資信託が多いのも特徴!**

08

最も手軽な優等生

あらゆる資産に分散投資できる「バランス型」

ここまでいくつかの種類の資産を紹介してきましたが、これら全部に一気に分散投資できるファンドもあります。それが「バランス型ファンド」です。

1つのファンドで世界各国に投資

1つのファンドを購入するだけで、**世界各国の株式・債権・ＲＥＩＴなどの資産に均等の割合で投資することができます。**

例えば「国内株式」「国内債券」「先進国株式」「先進国債券」の4種の資産に25％ずつ投資するファンドや、「新興国株式」「新興国債券」「国内ＲＥＩＴ」「先進国ＲＥＩＴ」を加えて、8種の資産に12・5％ずつ投資するファンドなどがあります。

一般的に株式と債券は逆相関（それぞれ片方が上がると片方が下がる）があるといわれています。その両方に投資すれば、下落のリスクをおさえることもできるのです。

バランス型ファンドを使えば、82ページで紹介したポートフォリオを簡単に組めます。**「とりあえずこれに投資しておけばＯＫ」くらいに非常に便利な投資信託**です。

バランス型でポートフォリオ

また、こうしたバランス型をベースに、他の投資信託も組み合わせて、自分好みのポートフォリオをつくることも可能です。例えば資産のコアとなる部分はバランス型にしておきつつ、リスクとリターンを取るために株式型インデックスを追加で組み入れる、などですね。

それぞれのファンドに毎月積立の設定をしておけば、あとは自動的にその通りのポートフォリオが出来上がるので、非常に便利です。

バランス型ファンドで簡単に分散投資

バランス型はミドルリスク・ミドルリターン。
世界各国の資産にバランス良く分散投資できる！

1つのファンドだけで
分散ポートフォリオが
組み立てられる！

バランス型ファンド

国内株式	国内債券	国内REIT
先進国株式	先進国債券	先進国REIT
新興国株式	新興国債券	新興国REIT

1つのファンドで世界各国の
いろんな資産に分散投資！

例 初心者にオススメできるバランス型ファンド

eMaxis Slim バランス
（8 資産均等型）

カテゴリ	バランス型
投資対象	株式、債権、REIT 8資産を12.5%ずつ
運用期間	2017年5月～
信託報酬（年）	0.154%以内

三井住友TAM
世界経済インデックスファンド

カテゴリ	バランス型
投資対象	世界各国 株式50%　債権50%
運用期間	2009年1月～
信託報酬（年）	0.55%

バランス型はまさに「いろんな資産の平均の平均」が取れるファンド

➡バランス型のメリットは138ページでも詳しく解説！

Point

これ1つを買うだけでポートフォリオが簡単に組める。
比率もお任せで調整してくれる！

09

不景気に強い「資産の退避先」

価値が約束された〝モノ〟に投資「金投資型」

バランス型に投資しつつ、さらにリスクをおさえて分散投資したい場合には、金現物という選択肢もあります。

いわゆる「純金」は、それ自体が希少で価値があり、ジュエリーや電子機器などにも用いられるなど、世界中から一定の需要があります。

金は安定していて不景気に強い！

世界情勢が不安定な時期や、景気が悪化するときなどには、投資家が安定資産である金に資産を移す傾向もあり、価格が上昇します。つまり、**株式と逆の値動きをする、不景気に強い資産**だといえます。

また、純金は米ドルで取引されますので、金を持つことが円安対策にもなります。長期的に見ても、金価格は常に上昇してきたという歴史も、特筆すべき点ですね。

経済が不安定な時期にオススメ

気をつけたいのは、**金自体は利益を生まない点**です。経済が不確定になってくると価格が上昇しますが、逆にいえば経済や世界情勢が安定しているときは、投資家はリターンを求めて株式などに資金を移動させるため、価格が下落しやすくなります。

それと、純金は実在する〝モノ〟ですので、保管と管理のコストがかかります。また投資信託という商品の形ですので、現物を受け取ることはできません（逆にいえば、現物を自分で倉庫などに保管する手間もありません）。

インデックスファンドと比べると、手数料が高くつくという部分も考慮しつつ、**経済が不安定な時期の資金の退避先として、検討してみる**のはどうでしょう。

純金を保有してリスクを回避

資産を守るフェーズに
入ったら
純金も視野に
入れてみよう

金現物の投資信託

ファンドが純金を保有して、
その投資信託を持つことで
金を保有できる

金現物の特徴

①純金は一般的に、不景気に強い
②純金は円安にも強い
③世界中で需要のある「現物」

これらのことから、
世界中の投資家の
「資産の退避先」
とされている

日本円建ての金価格の推移（1987-2023）

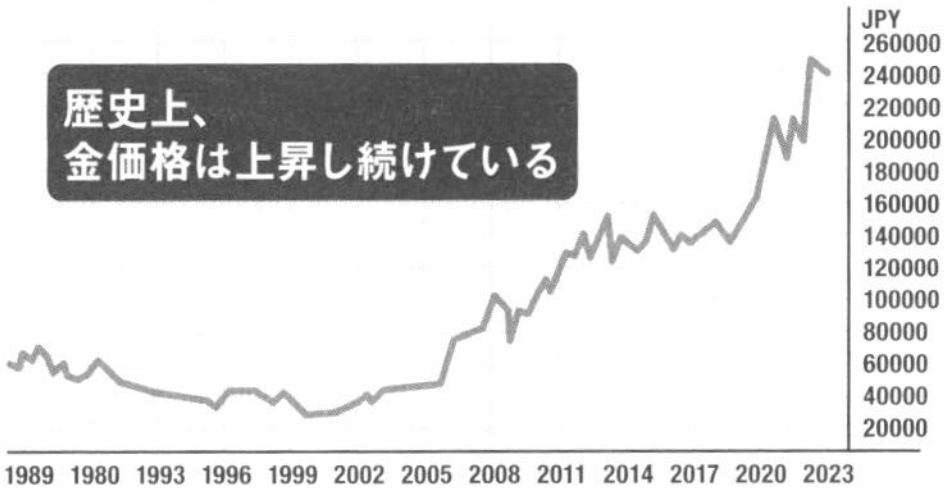

→ **ローリスク・ローリターン**

例 初心者にオススメできる金投資

SMT　ゴールドインデックス オープン（為替ヘッジなし）

カテゴリ	コモディティ
投資対象	日本円建ての金現物
運用期間	2017年11月～
信託報酬（年）	0.275%以内

三菱UFJ　純金ファンド

カテゴリ	コモディティ
投資対象	日本国内に保管されている金現物
運用期間	2011年2月～
信託報酬（年）	0.99%

Point

**価値のある資産として扱われている純金は
増やした資産を守るフェーズには最適！**

10

最先端テクノロジーに投資！「特定業種特化型ファンド」

応援や支援の気持ちで投資するのも面白い

特定の業種に限定して投資する投資信託もあります。

株価急上昇の可能性あり！

近年はテクノロジーの発展もめざましく、新しい業種やカテゴリがどんどん生まれています。例えば「VR」「ドローン」「自動運転」「フィンテック」などです。

こうした新しいテクノロジーの企業は、発明の内容によって大きく株価を上昇させることもあります。そうした最先端の技術を扱う企業に投資する投資信託もありますので、**それらの業界の成長による株価上昇の恩恵を受けることも可能**です。

具体的な投資対象の企業は、目論見書に記載されていますので、あわせてチェックしてみましょう。

これら特定業種の投資信託はアクティブファンドの扱いとなり、インデックスファンドと比べると手数料が高くなる点は気をつけておきたいポイントです。また、その業界特有の問題、例えば**新しいテクノロジーに対する規制などによって、価格が下落するリスクもあります**。

基本的に、分散度合いが低くなれば、大きなリターンを得られる可能性がある反面、暴落の可能性も大きくなります。

「資産を増やす」という目的だけではなく、特定業種への応援や支援のために、それらのファンドへと投資してみる、というのも悪くはないと思います。

特に新しいテクノロジーというのは、未来の生活を大きく変える夢のある事業ですから、それらの企業を直接支援しつつ、リターンも得られるのであれば、投資が面白くなりますよね。

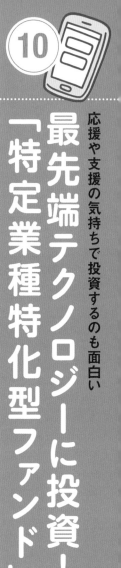

新しいテクノロジーに集中投資!

技術の発展により
大きく成長する
可能性もある!

特定業種特化型ファンド

宇宙開発	ロボット	フィンテック
VR	ドローン	自動運転
ナノテクノロジー	クリーンエネルギー	遺伝子工学

新しいテクノロジー業界に
投資するアクティブファンド

ハイリスク・ハイリターン

特定業種への集中投資となるため、
リスクもリターンも高まることに注意が必要!

例 初心者にオススメできる特定業種特化型ファンド

eMaxis Neo 自動運転

カテゴリ	先進国株式
投資対象	米国・日本を含む自動運転企業の株式
運用期間	2019年5月～
信託報酬（年）	0.792%以内

日興グローバル・フィンテック株式ファンド

カテゴリ	先進国株式
投資対象	フィンテック関連企業の株式
運用期間	2016年12月～
信託報酬（年）	1.925%

Point

新しいテクノロジー、特定業種への
応援や支援目的として買ってみるのも面白い!

11

超ハイリスク・ハイリターン「レバレッジ型」

通常のインデックスの数倍以上の値動き

短期間で大きく資産を増やしたい方には、よりハイリスク・ハイリターンな投資方法もあります。

値動きはインデックスの数倍以上！

近年流行したのがこの「レバレッジ型」です。レバレッジというのは、**通常のインデックスの数倍以上の値動きをする**もので、例えば米国株のNASDAQ指数の2倍の値動きをするファンドなどがあります。そのため、値動きも通常よりも大きく、激しいものとなります。

上昇すれば一攫千金が狙える反面、下落すれば資産を大きく下げてしまう、超ハイリスク・ハイリターンな投資方法です。

長期投資には向かない

コロナショック後は金融緩和によって世界的に株価が上昇したこともあり、それに乗って大きく資産を増やした「億り人」もいました。

しかし2022年は金融引締によって株価が下落し、そのまま保有し続けたために資産額を大きく減らしてしまった人もいたのです。レバレッジ型ファンドは、長期投資には向かないと覚えておきましょう。

レバレッジには「減価」という特性があり、相場の横ばい状態が続くと、基準価額が通常のファンドよりも下がってしまいます。

右肩上がりのときは大きく儲かる反面、下落や上下を繰り返す相場では損することになるため、**「どのタイミングで売却するか」を明確に決めておく**必要があります。

これは投資というより投機（短い期間で集中投資して、利益を上げる手法）に近いものといえますね。

数倍の値動きで一気に資産も倍増!?

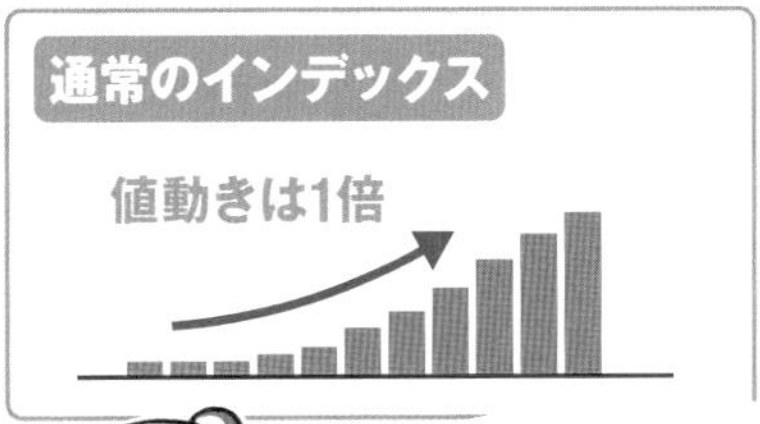
通常のインデックス
値動きは1倍

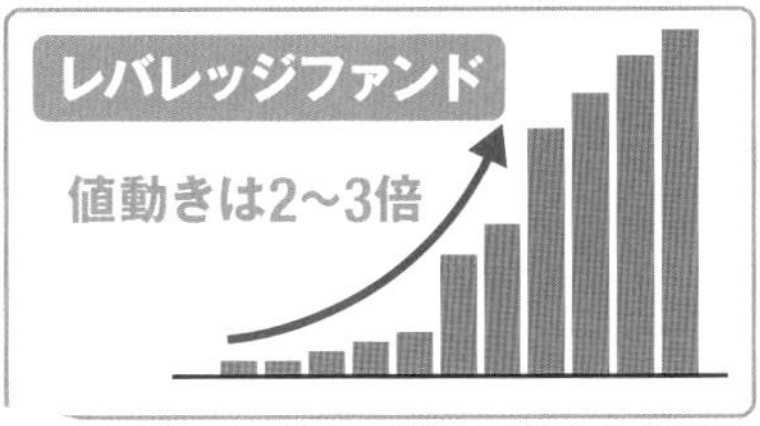
レバレッジファンド
値動きは2〜3倍

短期間で大きく値動きするので
一攫千金を狙ってレバレッジ投資
する人が続出

超ハイリスク・ハイリターン

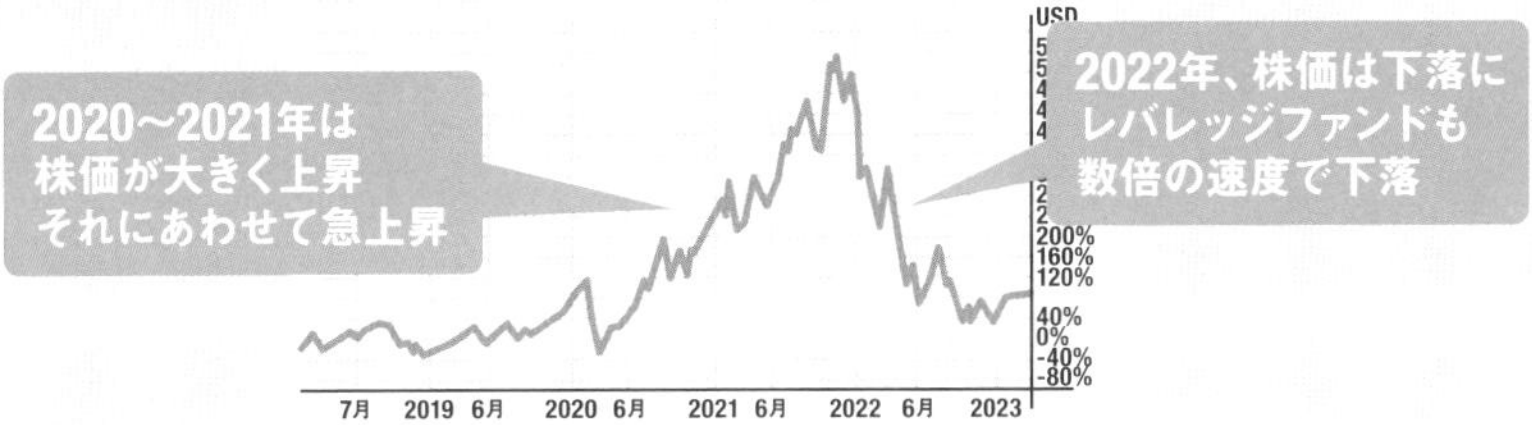
2020〜2021年は
株価が大きく上昇
それにあわせて急上昇
2022年、株価は下落に
レバレッジファンドも
数倍の速度で下落
USD
200%
160%
120%
40%
0%
-40%
-80%
7月 2019 6月 2020 6月 2021 6月 2022 6月 2023

例 初心者にオススメできるレバレッジ型

楽天　米国レバレッジバランスファンド

カテゴリ	米国株式・米国債権に3.6倍のレバレッジ
投資対象	米国・日本を含む自動運転企業の株式
運用期間	2019年11月〜
信託報酬（年）	0.4945%程度

iFree レバレッジ FANG+

カテゴリ	米国債権（社債）に2倍のレバレッジ
投資対象	Facebook, Amazon, Netflix, Googleなどのテクノロジー系企業10社
運用期間	2020年8月〜
信託報酬（年）	1.275%以内

Point

レバレッジは「引き際」が肝心！
いつ売却するかをしっかり決める必要あり

COLUMN

主要国の株式市場の特徴と傾向

ここでは、米国以外の地域の株式の特徴についても紹介します。

中国

10年間でGDPは大きく成長している中国ですが、株価の成長は10年で＋50%ほどと、かなり低い水準となっており、構造的にも中国株への投資で経済成長の恩恵を受けるのは難しいといえます。政治的な理由で株価が乱高下することも頻繁にあり、投資対象としては難しい市場だといえます。

インド

インドの株価は長期間で上昇傾向にあり、10年間で見ると実は米国よりも大きく株価を成長させています。しかしインドの通貨であるルピーは長期的に通貨安傾向にあるため、為替リスクは気をつけておかないといけないポイントです。

日本

日本は1989年のバブル期以降、平均株価は最高値を更新していませんが、2012年にはじまったアベノミクスからは株価は復活してきています。

日本経済にも物価高騰や賃上げなど、変化が起きようとしているので、今後、米国株のように株価を安定的に成長させることができるのかがポイントですね。

CHAPTER 5

第5章

怠け者流
投資信託を選ぶときの
チェックポイント

01

ちりも積もれば山となる

「コストが低いもの」を選ぼう

この章では、良い投資信託を選ぶためのポイントを説明していきます。

すでに述べた通り、投資信託を選ぶ上で最も重要になるのが「コスト」です。コストには「買付手数料」「信託報酬」「信託財産留保額」の3つがあります。この中で一番重要になるのが信託報酬です。

信託報酬は、いわば投資信託のランニングコストです。**小さな料金の違いでも毎日積み重なっていくことで、しだいに見逃すことができない大きな差となります。**

長期投資だからこそ 小さな違いでも大きな差に

例えば0・2%と0・25%のような違いでも、**30年、40年と運用を続けていくうちに、最終的なリターンに大きな差が出てくるのです。**

同じ投資対象のファンドどうしでも、信託報酬に0・5〜1・5%と大きな開きがあるものも存在します。ここは確実に、コストが低いものを選ぶべきです。

コストは、設定されているものは100%必ず取られます。そうなると、**確実に支払うことが決まっているコストをおさえる努力をすることが、非常に重要なポイント**になってきます。

「投資家として工夫できるのはコストの低いファンドを選ぶことだけ」ともいえますね。

検索機能を使って 手軽にコストカット

コストの比較には54ページで紹介した、証券会社の検索機能が便利です。こちらも活用し、無駄なコストはカットしていきましょう！

コストの小さな違いが大きな差に

同じ対象に投資する投資信託でも
コストが異なる

株式インデックスファンドA	株式インデックスファンドB
信託報酬 0.5%	信託報酬 1.5%

信託報酬は1年ごとにかかる！
1%の差でも10年続けば大きな差に

しかも、同じ対象に投資しているので投資結果はほとんど変わらない！

例 ファンドAとファンドBで1000万円運用した場合

運用金額	信託報酬	1年間の手数料	10年間の手数料
¥10,000,000	0.5%	¥50,000	¥500,000
	1.5%	¥150,000	¥1,500,000

運用結果	運用コスト
市場の動向しだいで運用結果は左右される ➡結果は誰にもわからない	決められた通りに必ずコストがかかる

Point

投資信託で重要なのは
「コストが低いもの」を選ぶこと！
証券会社の検索機能も活用しよう！

02

運用している人のレベルは関係ない

「手数料が高ければリターンも高くなる」わけではない

「信託報酬のようなコストが高いファンドのほうが優秀な人が揃っていて成績は良くなるのでは？」という疑問が出ているかもしれません。しかし、実際は手数料の金額と運用成績は関係ありません。

インデックスファンドは同じ結果

　インデックスファンドは、ある指標に沿って分散投資しています。この場合、運用者側は指標に沿って投資をしているだけなので、この運用者の投資レベルというのは関係なく、**誰が運用しても同じ運用結果、同じリターンとなる**のです。

　同じ株式インデックスファンドの信託報酬がかたや0・5％、かたや1・5％のファンドどうしでも、結局投資対象は同じなのでリターンは変わりません。**それなら手数料が低いほうを選ぶのが絶対良いわけです。**

アクティブファンドは結果が変わる

　アクティブファンドの場合は運用者の方針やレベルによってリターンが変わってきます。

　ただ、ここで覚えておきたいのは**「多くのアクティブファンドのリターンは、インデックスファンドより低い」**という事実です。いくら運用のプロが集まって投資をしても、市場の状況によってリターンが出せないということも少なくありません。

　アクティブファンドはインデックスファンドよりも手数料が高く設定されているので、結局インデックスのほうが成績が良かった、ということも往々にして起こるのです。

　その他、為替ヘッジや毎月分配など、特殊なことをしているファンドは手数料が高い傾向にあります。

手数料の高い投資信託のカラクリ

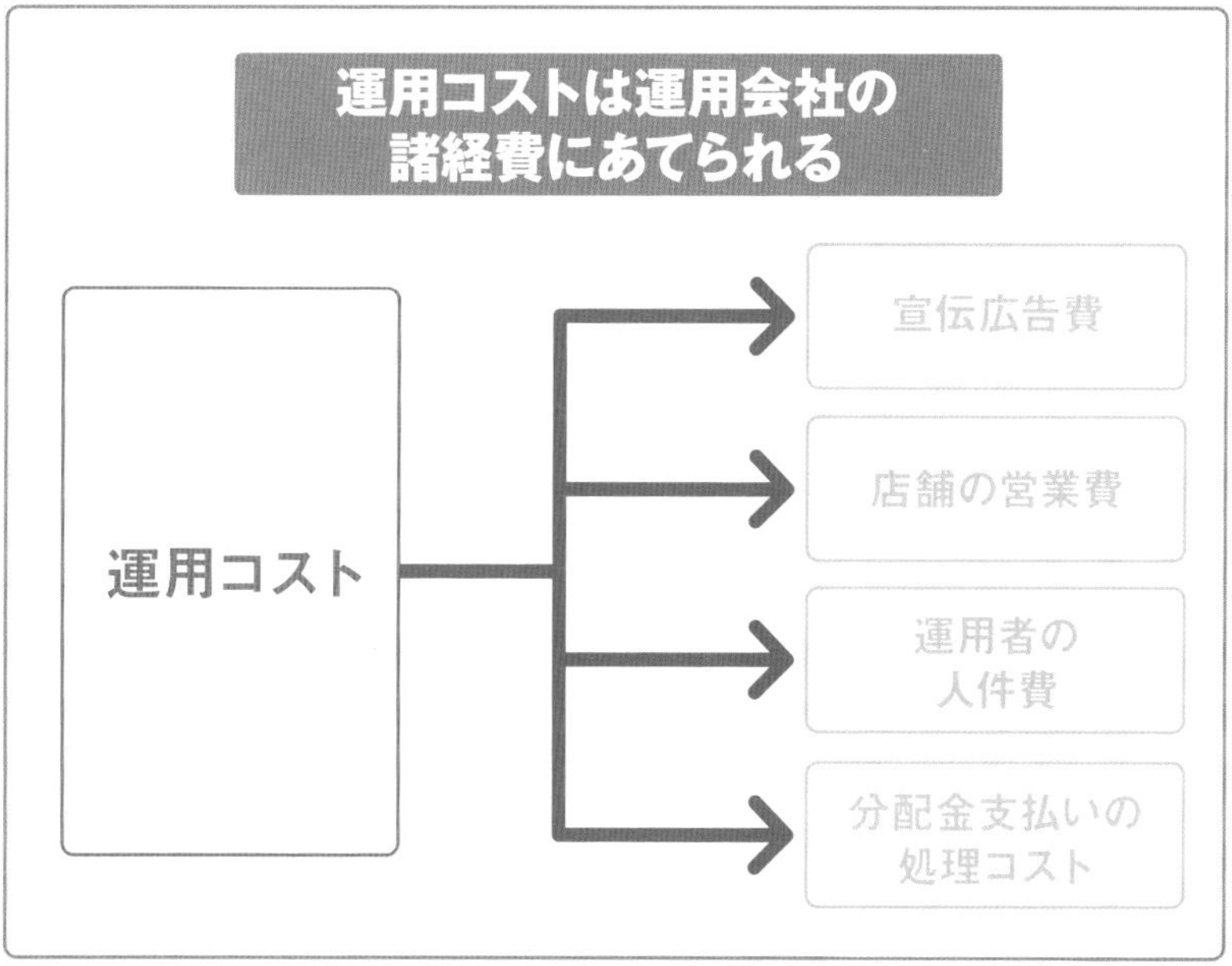

インデックスファンドはコストの高い・低いは無関係。
アクティブファンドは内容しだいでコストが高くなるのは自然

Point

インデックスファンドは同じ対象に投資し、誰がやっても投資結果は同じになるのでコストが低いものを選ぶのが◎！

03

不本意に償還されないために

「信託期間」が無期限なら長期運用も安心

ファンドの目論見書を眺めていると「信託期間」という単語が出てきます。

これは**運用開始から運用終了までの期間を示したもの**です。

長期運用を目的とした場合は「無期限」に設定されているファンドを選びましょう。

無期限に設定されているものは、「ファンド自体や運用会社に問題が生じない限り、ずっと運用を続けるものですよ」という意味です。

こうした設定のものであれば、ほとんど心配は無用です。

不本意なタイミングで終了してしまうことも

運用期間が期間限定のものは、その期限になった時点で償還、つまり売却されることになります。

利益が出ている状態で償還となれば良いですが、損失が出ている場合でも自動的に償還となります。

つまり、**トータルして赤字状態のまま投資を終えてしまう**、という結果にもなりかねません。これでは安心して投資できませんよね。

投資信託の強みである「長期投資」を活かすために

特に気をつけるべきなのは、償還日がすぐに迫っている投資信託です。購入してから大した期間もなく償還されてしまうのは、長期投資によってコツコツ積み上げていく投資信託においてまったく無意味です。

5年や10年で強制償還してしまうものも、その利点をあえて捨ててしまっていることになります。

これらの理由から無期限のファンドを選ぶべきなのです。

信託期間が「無期限」のものを選ぼう

設定日 ?
2016/06/14
償還日 ?
2026/09/07

（出典:SBI証券）

「信託期間」とは
運用開始から終了（償還）までの
期間のこと

この場合の信託期間は10年間

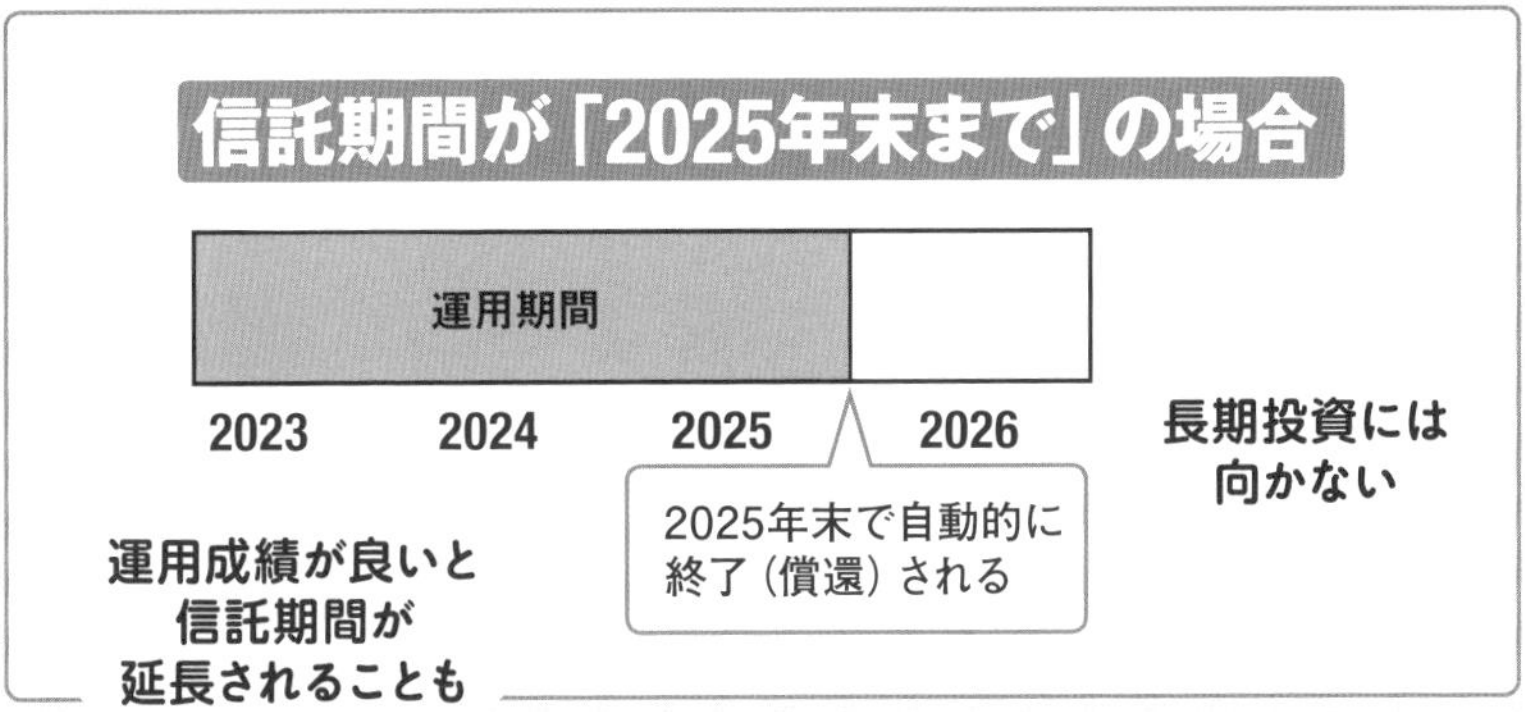

信託期間が「2025年末まで」の場合
運用期間
2023
2024
2025
2026
長期投資には
向かない
2025年末で自動的に
終了（償還）される
運用成績が良いと
信託期間が
延長されることも

信託期間が「無期限」の場合
運用期間
……
2023
2024
2025
2026
2026年以降も運用が続く限り
ずっと投資できる！

※インデックスファンドは基本的に信託期間が「無期限」のものが多い

Point

信託期間が延長される場合もあるが、
安心なのは無期限のものを選んで
長期投資を前提に考えること！

04

無駄なくお金を増やすために

長く運用するなら選ぶべきは「再投資型」

投資信託における分配金の支払い方法には「毎月分配型」と「再投資型」があります。どちらのほうが、長期投資に向いているのでしょうか？

　結論としては「再投資型」です。

再投資型なら複利を活用できる！

というのも、**毎月分配型は「単利」運用、再投資型は「複利」運用だから**です。

　毎月分配型は、毎月、分配金が支払われます。ただ、せっかくの分配金も日々の生活費などにあててしまうと、そこで終わってしまいます。つまり利益を「単利」として運用していることになるわけですね。

　これでは、毎月の分配金が1万円だった場合、10年後も1年で増える金額は1万円のままです（元本が減っていなければですが）。

　一方で再投資型の場合は、分配金は自動的に投資信託の購入にあてられます。そのため、利益が出た際に自動的に元本（投資信託の口数）が増えることになります。

　得た利益を元本に組み込んでさらに大きくしていく再投資型の運用は、投資において重要な「複利」を活かしたものです。

短期での運用なら毎月分配型もじゅうぶんアリ

　10年、20年、30年とまだまだ積立できる期間が残されているのであれば、やはり再投資型の投資信託を選択することをオススメします。

　逆に、何か明確な理由があり、運用する期間を短く割り切っているのであれば、毎月分配型の選択もアリです。

再投資型を選んで「複利効果」を活用しよう!

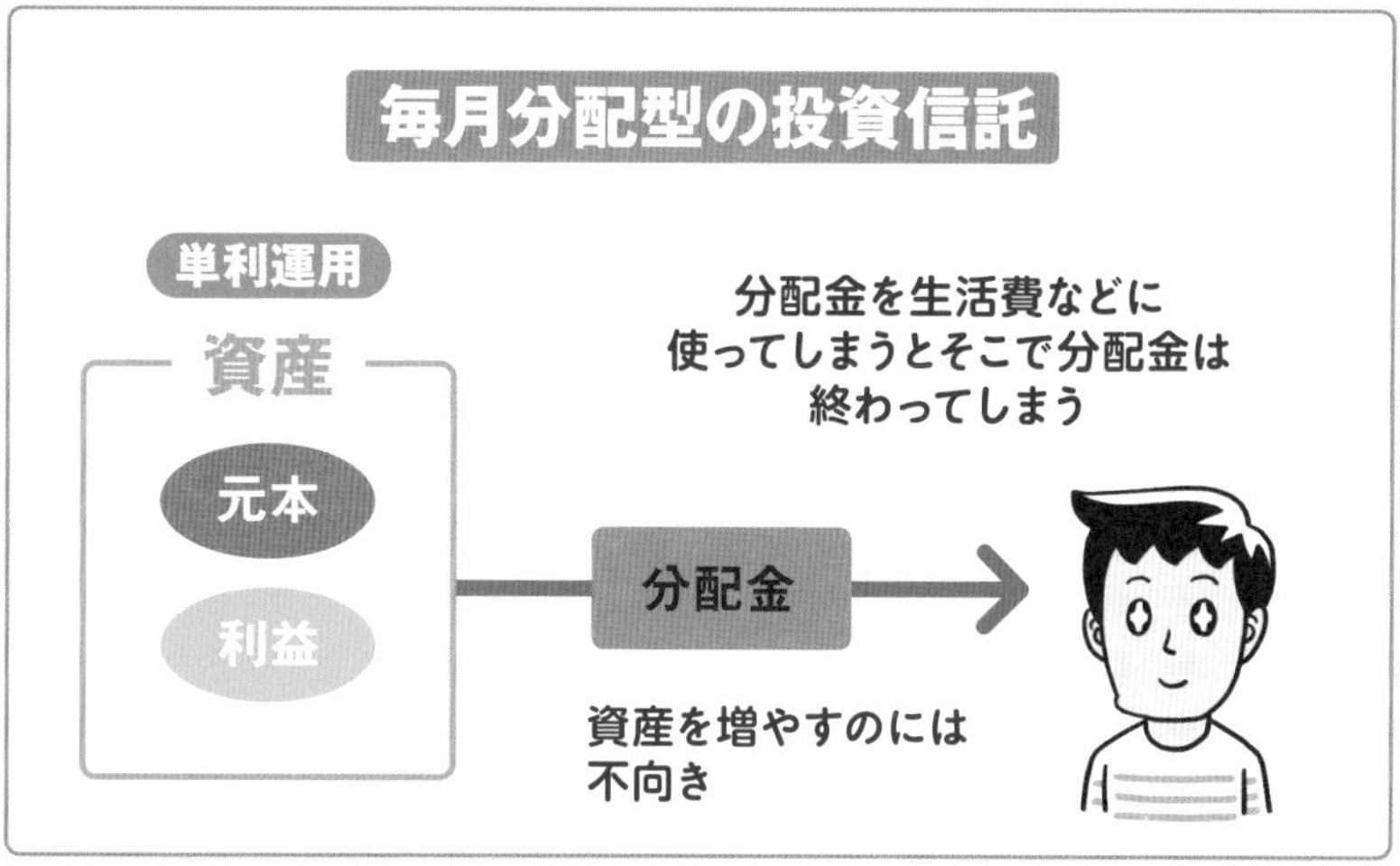

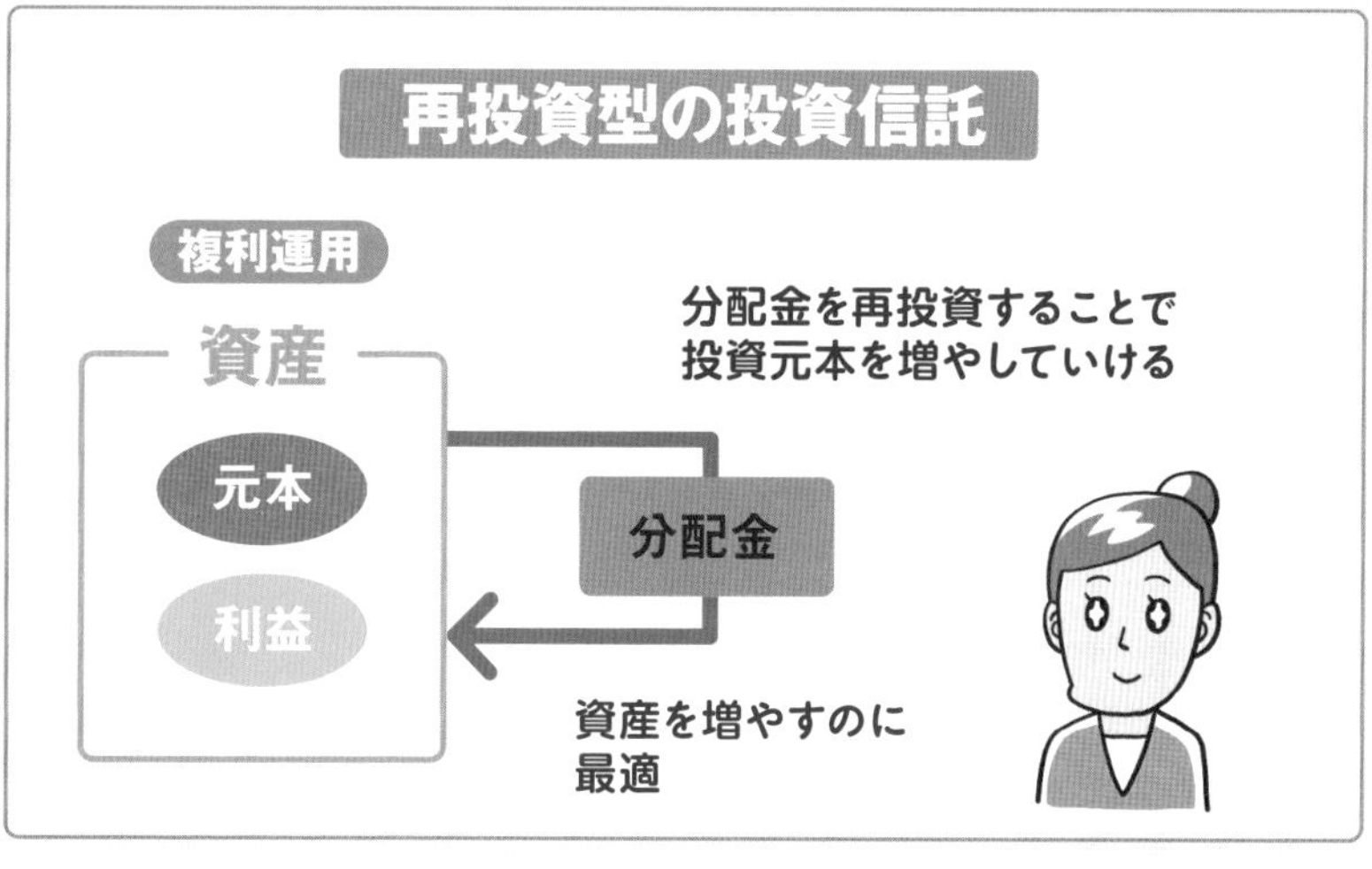

再投資型の投資信託

資産
元本
利益

毎月分配型の投資信託
単利運用
資産
元本
利益

分配金を再投資することで
投資元本を増やしていける
資産を増やすのに
最適

Point

複利運用を続けていけば
分配金も少しずつ大きくなる!

分配金を生活費などに
使ってしまうとそこで分配金は
終わってしまう
資産を増やすのには
不向き

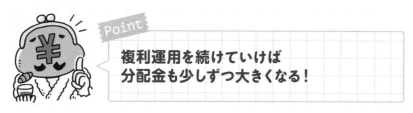

05

ファンドの概要を手軽に知ろう

ファンドの説明書！目論見書を詳しくチェック

投資信託の購入前に必ずチェックしておくべきものは、やはり目論見書です。まずは、各資産の投資比率を忘れずに確認しましょう。

資産配分は必ずチェック！

株式や債券にどの比率で投資するのか、どの国に何％投資するのか、そうした資産配分は、投資をする上で重要かつ基本となる部分です。

他にもトップ10の組入銘柄や通貨の比率なども記載されていますので、こちらも確認しておきます。

目論見書には、細かい投資比率が掲載されていないものもあります。その場合は**一緒に公開されている月次レポートも見て、最新の資産配分状況を確認**しましょう。

リスクも必ず明記されている

ファンドに関係する投資リスクについても触れられていますので、ここも確認しておきましょう。外国株式なら価格変動リスクや為替変動リスク、特定国への投資ならカントリーリスク……という形で、関係するリスクが必ず明記されています。

運用コストについても、改めて確認しておきます。多くのファンドでは「買付手数料」「信託財産留保額」はゼロとなっていますが、一部ファンドではこれらがかかるものもありますので、そうした高手数料ファンドでないかは要確認です。

信託報酬もファンドによっては条件しだいで手数料が変動するものもあるので、ここも要チェックです。

目論見書は、内容に変更があるたびに最新のものに更新されます。改訂があるとメールが届く証券会社もあるので、時々軽く目を通しておくことをオススメします。

目論見書のチェックポイント

各資産の投資比率を忘れずに確認

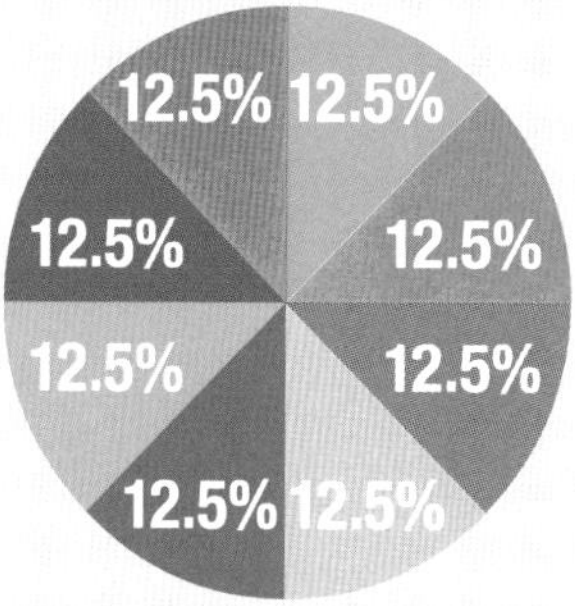

目論見書に具体的な比率の
記載がない場合は
月次レポートで確認するのが◎！

- 国内株
- 先進国株
- 新興国株
- 国内債券
- 先進国債券
- 新興国債券
- 国内REIT
- 先進国REIT

投資信託に関わるリスクもしっかり確認！

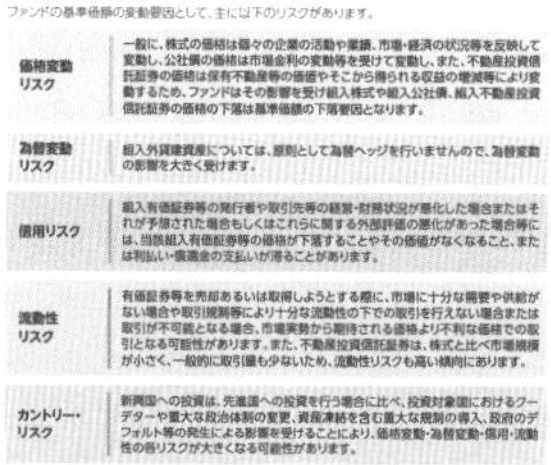

ファンドの基準価額の変動要因として、主に以下のリスクがあります。

価格変動リスク	一般に、株式の価格は個々の企業の活動や業績、市場・経済の状況等を反映して変動し、公社債の価格は市場金利の変動等を受けて変動し、また、不動産投資信託証券の価格は保有不動産等の価値やそこから得られる収益の増減等により変動するため、ファンドはその影響を受け組入株式や組入公社債、組入不動産投資信託証券の価格の下落は基準価額の下落要因となります。
為替変動リスク	組入外貨建資産については、原則として為替ヘッジを行いませんので、為替変動の影響を大きく受けます。
信用リスク	組入有価証券等の発行者や取引先等の経営・財務状況が悪化した場合またはそれが予想された場合もしくはこれらに関する外部評価の悪化があった場合等には、当該組入有価証券等の価格が下落することやその価値がなくなること、または利払い・償還金の支払いが滞ることがあります。
流動性リスク	有価証券等を売却あるいは取得しようとする際に、市場に十分な需要や供給がない場合や取引規制等により十分な流動性の下での取引を行えない場合または取引が不可能となる場合、市場実勢から期待される価格より不利な価格での取引となる可能性があります。また、不動産投資信託証券は、株式と比べ市場規模が小さく、一般的に取引量も少ないため、流動性リスクも高い傾向にあります。
カントリー・リスク	新興国への投資は、先進国への投資を行う場合に比べ、投資対象国におけるクーデターや重大な政治体制の変更、資産凍結を含む重大な規制の導入、政府のデフォルト等の発生による影響を受けることにより、価格変動・為替変動・信用・流動性の各リスクが大きくなる可能性があります。

為替変動リスクやカントリーリスクなど、
さまざまなリスクがあることを事前に
承知しておこう

➡ 投資対象が多くなればなるほど
関係するリスクの種類も多くなる

出典：
三菱UFJ国債投信「MAXIS Slim バランス（8資産均等型）」

運用コストの内訳も詳細に記載されている！

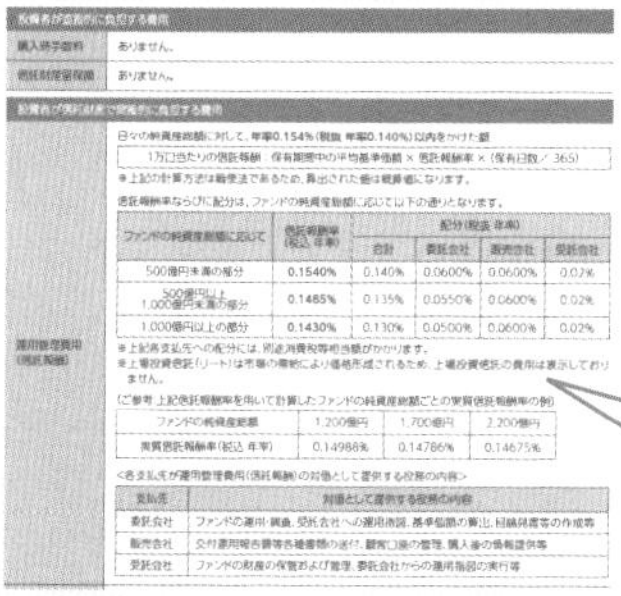

投資者が直接的に負担する費用

購入時手数料	ありません。
信託財産留保額	ありません。

投資者が信託財産で間接的に負担する費用

運用管理費用（信託報酬）

日々の純資産総額に対して、年率0.154%（税抜 年率0.140%）以内をかけた額

1万口当たりの信託報酬：保有期間中の平均基準価額 × 信託報酬率 ×（保有日数／365）

※上記の計算方法は簡便法であるため、算出された値は概算値になります。

信託報酬率ならびに配分は、ファンドの純資産総額に応じて以下の通りとなります。

ファンドの純資産総額に応じて	信託報酬率（税込 年率）	配分（税抜 年率）			
		合計	委託会社	販売会社	受託会社
500億円未満の部分	0.1540%	0.140%	0.0600%	0.0600%	0.02%
500億円以上 1,000億円未満の部分	0.1485%	0.135%	0.0550%	0.0600%	0.02%
1,000億円以上の部分	0.1430%	0.130%	0.0500%	0.0600%	0.02%

※上記各支払先への配分には、別途消費税等相当額がかかります。
※上場投資信託（リート）は市場の需給により価格形成されるため、上場投資信託の費用は表示しておりません。

（ご参考 上記信託報酬率を用いて計算したファンドの純資産総額ごとの実質信託報酬率の例）

ファンドの純資産総額	1,200億円	1,700億円	2,200億円
実質信託報酬率（税込 年率）	0.14988%	0.14786%	0.14675%

<各支払先が運用管理費用（信託報酬）の対価として提供する役務の内容>

支払先	対価として提供する役務の内容
委託会社	ファンドの運用・調査、受託会社への運用指図、基準価額の算出、目論見書等の作成等
販売会社	交付運用報告書等各種書類の送付、顧客口座の管理、購入後の情報提供等
受託会社	ファンドの財産の保管および管理、委託会社からの運用指図の実行等

- 買付時手数料　（購入時の手数料）
- 信託報酬　（運用中の手数料）
- 信託財産留保額　（売却時の手数料）

これら3つは必ず確認！

信託報酬の内訳や、
信託報酬の増減の基準なども
詳しく記載されている

Point

目論見書は投資信託の取扱説明書！
概要：投資信託の属性がひと目でわかる！
投資比率：分散投資する場合は要チェック

06

優良ファンドを選べる!

投資信託の人気シリーズは信頼度◯

投資信託を選ぶ上で、人気シリーズから選択していく手もあります。特定の運用会社が株式型や債券型などのファンドをまとめて、◯◯シリーズとして販売しているものです。

シリーズでも個別に購入可能!

シリーズとはいえ、**ファンドとしてはそれぞれ独立しており、1つずつ自由に購入が可能**です。しかし名称や投資ルール・方針が統一されていることが多く、投資家側からするとわかりやすく探しやすいため、一定の人気があります。

また、人気シリーズは手数料も低く設定されているため、これらの中から選んでいくだけで、優良ファンドを選択することができます。

優良なシリーズを選ぼう!

特にオススメなのがeMaxisシリーズです。このシリーズは「**業界最低水準の運用コストを目指し続ける**」とうたっているシリーズです。

事実、このシリーズのファンドは定期的に信託報酬が引き下げられており、名実ともに低コストを追求するシリーズといっても良いでしょう。

また、「SBI・V」「楽天ヴァンガード」など、**証券会社が自らの名前を掲げて販売しているシリーズ**もあります。それぞれ手数料の引き下げで競争関係にありますので、定期的に信託報酬が引き下げられ、より優良なファンドシリーズになっていきます。

まずは左ページの主要な投資信託シリーズから検索してみてください。各シリーズとも、基本的なインデックスファンドを取り揃えているので、この中からお気に入りのファンドを見つけるのが良いでしょう。

投資信託の人気シリーズから探してみよう

運用会社

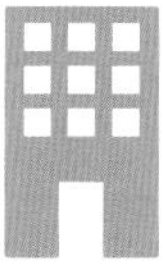

→

投資信託をまとめたシリーズ

同じ性格・方針の
ファンドがまとまって
いるので自分にあった
ファンドを探しやすい

eMaxisシリーズ

インデックスファンドを中心に
幅広く取り扱うシリーズ
特定業種特化型もある

- eMaxis Slim バランス（8資産均等型）
- eMaxis Slim 米国株式（S&P500）
- eMaxis Slim 全世界株式（オール・カントリー）
- eMaxis Neo 自動運転

iFreeシリーズ

インデックスファンドを広くカバー
しつつ、レバレッジなど攻めた
ファンドも取り扱い

- iFree　S&P500インデックス
- iFree　8資産バランス
- iFree　レバレッジ　S&P500
- iFree　レバレッジ　NASDAQ100

EXE-i

海外ETFに投資する
シンプルなシリーズ
ファンド数を5本に絞って運用

- EXE-i　先進国株式ファンド
- EXE-i　新興国株式ファンド
- EXE-i　先進国債券ファンド
- EXE-i　グローバルREITファンド

たわらノーロード

長期間の運用実績を持つ
低コストシリーズ
14種類ものバランス型ファンドがある

- たわらノーロード　日経225
- たわらノーロード　バランス（8資産均等型）
- たわらノーロード　バランス（積極型）
- たわらノーロード　バランス（堅実型）

SBI・V

米国大手運用会社の
バンガード社のETFを
対象としたSBI証券の新シリーズ

- SBI・V　S&P500インデックス・ファンド
- SBI・V　全米株式インデックス・ファンド
- SBI・V　米国高配当株式インデックス・ファンド
- SBI・V　全世界株式インデックス・ファンド

Point

**それぞれのシリーズどうしで
名前が統一されているので
比較検討しやすいのがメリット！**

07

設定目標と実際の運用の差をチェック

月次レポートも見てみよう

運用会社には、運用報告を行う義務があります。その中で毎月の運用報告として公開しているのが月次レポートです。

実際の運用の報告を行うのが月次レポート

月次レポートを見る上でのチェックポイントは、「目標と現状が一致しているかどうか」です。

各資産の資産比率がそれぞれ25%と目標設定されているのであれば、実際にその通りの資産配分で運用されているかなどをチェックしていきます。

しかしながら運用の都合上、必ずしも設定された数値とピッタリ同じ比率で運用できるとは限りません。多少は目標値と違う数字・割合になっている場合もあります。こういったケースは、大きく離れていなければ特に問題なしと判断して良いでしょう。

また、資産比率とは別に、組入国の比率、主要銘柄の情報などもあわせて掲載されている場合もあります。自分がどの国の資産をどの程度保有しているのかのチェックの手助けになるので、とても便利です。

目論見書と異なり無理してチェックする必要はない

運用の透明性につながる部分もありますので、月次レポートは大いに利用して、チェックすべきです。

ただ、ほぼすべての投資信託は、目論見書で記載されている通りに運用をしているはずです。

「毎日が忙しくてそこまで手が回らないよ!」ということであれば、無理にチェックする必要はそれほどありません。

月次レポートのチェックポイント

目標通りに運用されているかどうかをチェック！

実際の資産配分は目標値と少し異なる場合がある

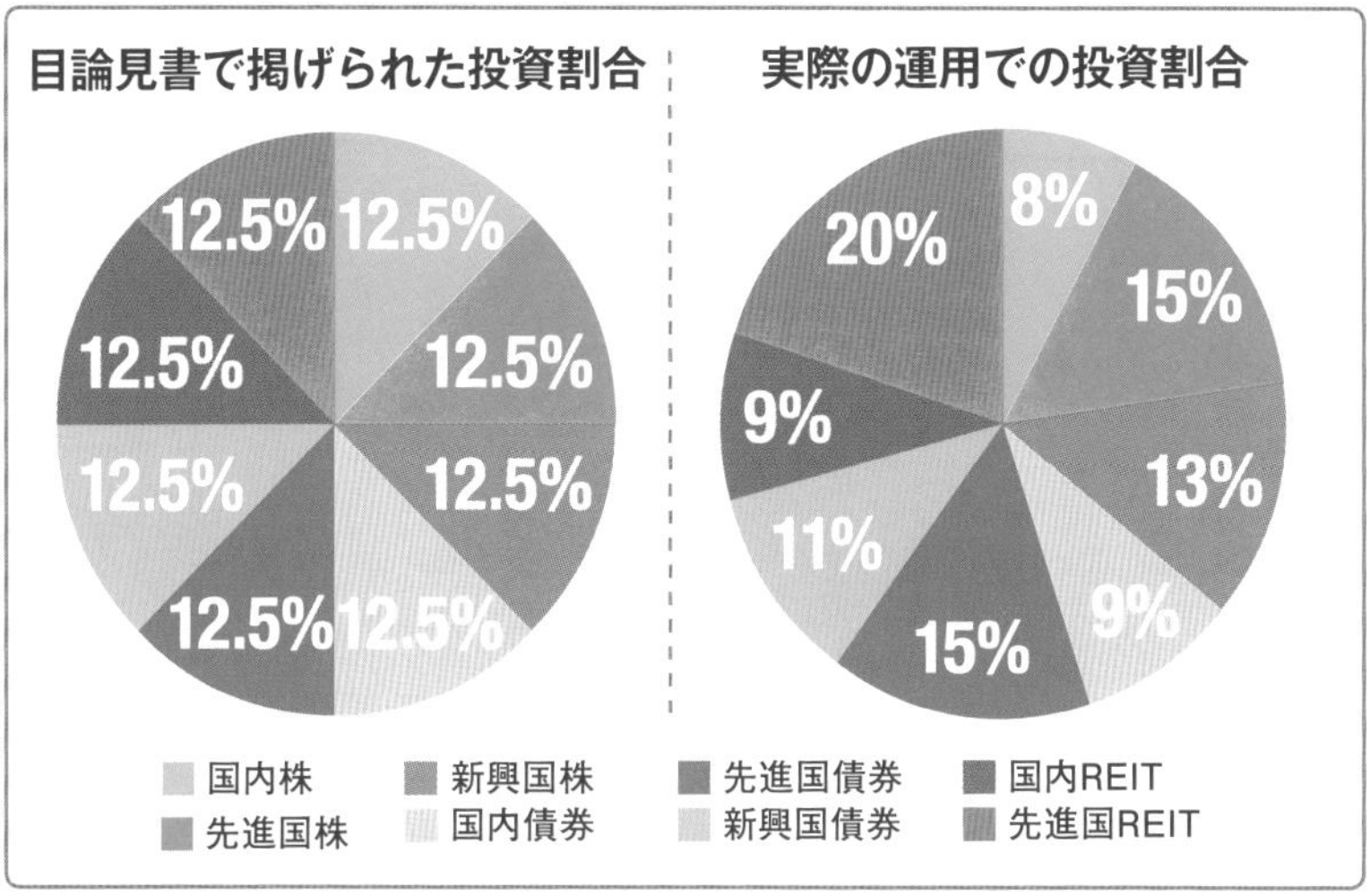

通貨別の組入比率などもチェックできる

■組入上位10通貨

	通貨	比率
1	日本円	37.1%
2	米ドル	25.7%
3	ユーロ	6.0%
4	香港ドル	3.5%
5	中国元	2.4%
6	ブラジルレアル	1.9%
7	英ポンド	1.8%
8	台湾ドル	1.8%
9	メキシコペソ	1.7%
10	南アフリカランド	1.6%

・為替予約等を含めた実質的な比率です。

(出典：「eMaxis Slim バランス（8資産均等型）」2023年1月版
https://emaxis.jp/pdf/geppou/252760/252760_202301.pdf)

投資信託の
運用会社には
運用報告を定期的に行う
義務がある！

Point

**月次レポートは実際の運用の報告書！
目論見書と違ってチェックする必要性は
そこまで高くはない！**

08

全部お任せのロボアドバイザーも選択肢に入れてみよう

質問に答えるだけの便利なサービス

テクノロジーの発展に伴い、AIを使って投資先を決めるロボアドバイザーも出てきています。

通常は投資家が投資する先の資産・ポートフォリオを決めて、自分の手で投資していくというのが通常の流れですが、ロボアドバイザーは、そうしたファンドや銘柄の選択をすべて自動でやってくれます。

質問に答えるだけ！

いくつかの質問に答えることで、**投資家のリスク許容度にあったポートフォリオを提示してくれて、その通りに自動的に分散してくれる**という、便利なしくみです。

例えば、「リスクを積極的に取りたい」と答えた人には株式比率を高く設定し、逆に、「リスクを低くしたい」と答えた人には債権や金現物にも投資するなど、自動的に設定してくれます。

デメリットしては、**低コストの投資信託と比べると、手数料が高くなりがち**だという点があります。

また、ロボアドバイザーでの投資も、最終的にはインデックスファンドに投資する形に落ち着くことが多いため、それなら投資家が自前で低コストのインデックスファンドに投資すれば良いよね、ということになってしまいます。

今後の発展に期待大

とはいえ、このアドバイス機能はとても活用できる機能なので、一度、お試しで口座開設と少額で利用をしてみても良いと思います。今後、手数料の引き下げなどが続けば、完全お任せ・ほったらかしにできるロボアドバイザーは、じゅうぶんな選択肢となっていくでしょう。

「資産管理ツール」でもっと便利に!

ロボアドバイザーとは AIが投資家に最適な運用を行ってくれる 全自動お任せサービス

リスク度合いなど
いろいろな
質問に答える

AIが投資家に最適な
ポートフォリオを提案

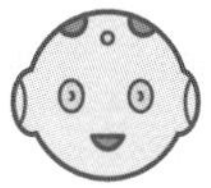

ロボアドバイザーにも2種類

①ポートフォリオを提案するだけのもの
②決定も運用もすべてやってくれるもの

ロボアドバイザーのメリット

・すべてお任せにできる
・自分に最適な投資方法がわかる

ロボアドバイザーのデメリット

・手数料が高い

例えばこんなロボアドバイザーサービスがある！

ウェルスナビ	テオ（THEO）	SUSTEN
手数料：1.1%	手数料：1.1%	手数料：成功報酬
2024年からの新NISAに対応予定	提携サービスでdポイントやJALマイルがもらえるプランあり	利益が発生して初めて手数料がかかる制度を導入

Point

ロボアドバイザーも最終的に投資対象がインデックスファンドに落ち着くことが多い

COLUMN

SNSの投資コミュニティもチェックしてみよう

昨今はSNSで投資情報を交換しあったり、役立つ情報を提供してくれるアカウントも増えていますので、投資信託に対する生の情報を手に入れるために、SNSを活用するのも1つの手です。

実際に投資をしていく上では、証券会社などが公開するWebサイト、記事からではわからない「生の声」が重要になってきます。Twitterなどで投資家たちのコミュニティに参加してみるのも、投資を続ける上で良いモチベーションとなると思います。みなさんと同じように、投資で資産を形成していきたいという目標を持っている人が数多くいますので、そうした人たちの日々の声や情報に接していると、自然と投資に対する意欲も知識も、どんどん得られるはずです。

もし、すでに持っているみなさんのアカウントで投資の話をするのがはばかられる……ということであれば、投資専用のアカウントをつくってみてもいいでしょう。

実際、ぼく自身のTwitterアカウントも、もともとはそうして投資の話やメモをするためにつくったのがはじまりでした。

ということで、ぼくはこれらのSNSで投資についての情報を日々シェアしています。もしよろしければ、Twitterのぼくのアカウントに「投資用アカウントをはじめました！」と、ぜひ気軽に声をかけてください。

みなさんと交流しつつ、ぼく自身も投資をどんどん広げていきたいです！

■Twitter

URL https://twitter.com/20sinvest

CHAPTER 6

第6章

怠け者流オススメ運用法

01

日本円１００％は危険！

リスクを分散させたいなら、異なる資産に投資しよう

この章では、10年以上投資信託に投資している、ぼく自身の投資スタンスについて紹介していきます。

巻頭特集でも述べた通り、日本人投資家のみなさんが真っ先にやるべきは、**資産を分散していくこと**です。

日本円１００％は危ない

これから投資をはじめる方は、おそらくほとんど「日本円１００％」というポートフォリオになっていると思われます。これでは**円安のダメージをモロに受けますし、金利収入はゼロに等しい状態です**。資産が増えるよりも早く、物価のほうが高くなっていくと思われます。

まずはこの状況を脱しましょう。第４章で紹介した株式、債権、ＲＥＩＴなどの資産に投資していきます。

これらは一定のリターンが見込める資産ですので、**これらの投資信託を購入するだけでも、資産分散と運用がスタートできます**。

リスクをおさえたい場合は逆の値動きをする（逆相関）資産にも分散投資していくことをオススメします。

景気後退による株価暴落が気になるのであれば、そうした局面で価値が上がりやすい金現物にも一定割合で投資をしていく……などです。

余談ですが、ぼくは米国株を中心に投資していますので、２０２２年に起きた大幅な円安では、逆に資産額を大きく伸ばす結果となりました。かつてはぼく自身も日本円１００％だったので、投資をしていなければ、資産価値を大きく目減りさせていたことでしょう。

要は、世界のどんな流れにも対応できるように、いつでもポートフォリオを組める状態にしておくのがベストなのです。

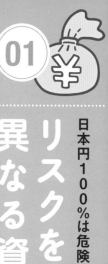

リスク分散は逆相関する資産に投資!

第1ステップ

まずは日本円100%状態から
資産を分散して
リスクを回避できるように

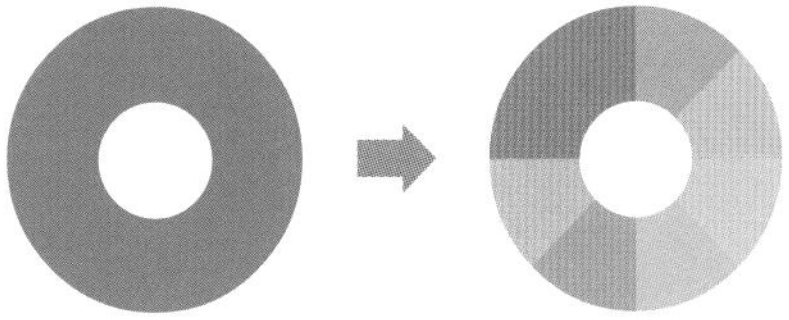

第2ステップ

景気の動向を見ながら
逆相関の関係にある
資産も買って
リスクをおさえていく

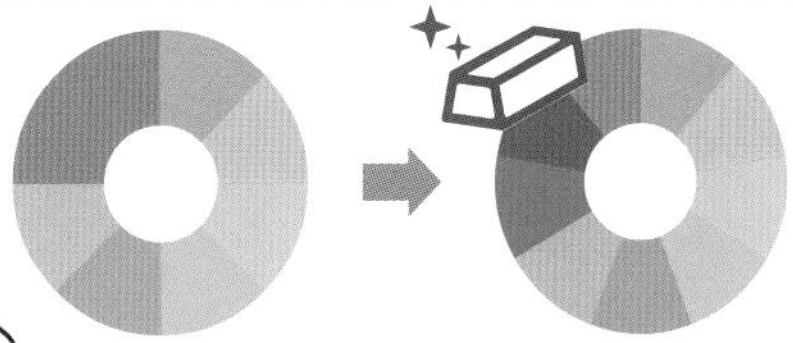

株式市場が下落しそうなら
債権や金現物を取り入れる

株式は米国が暴落すると、世界中の株式が一緒に暴落する
→株式の世界分散自体には、暴落へのリスク回避効果はないことに注意

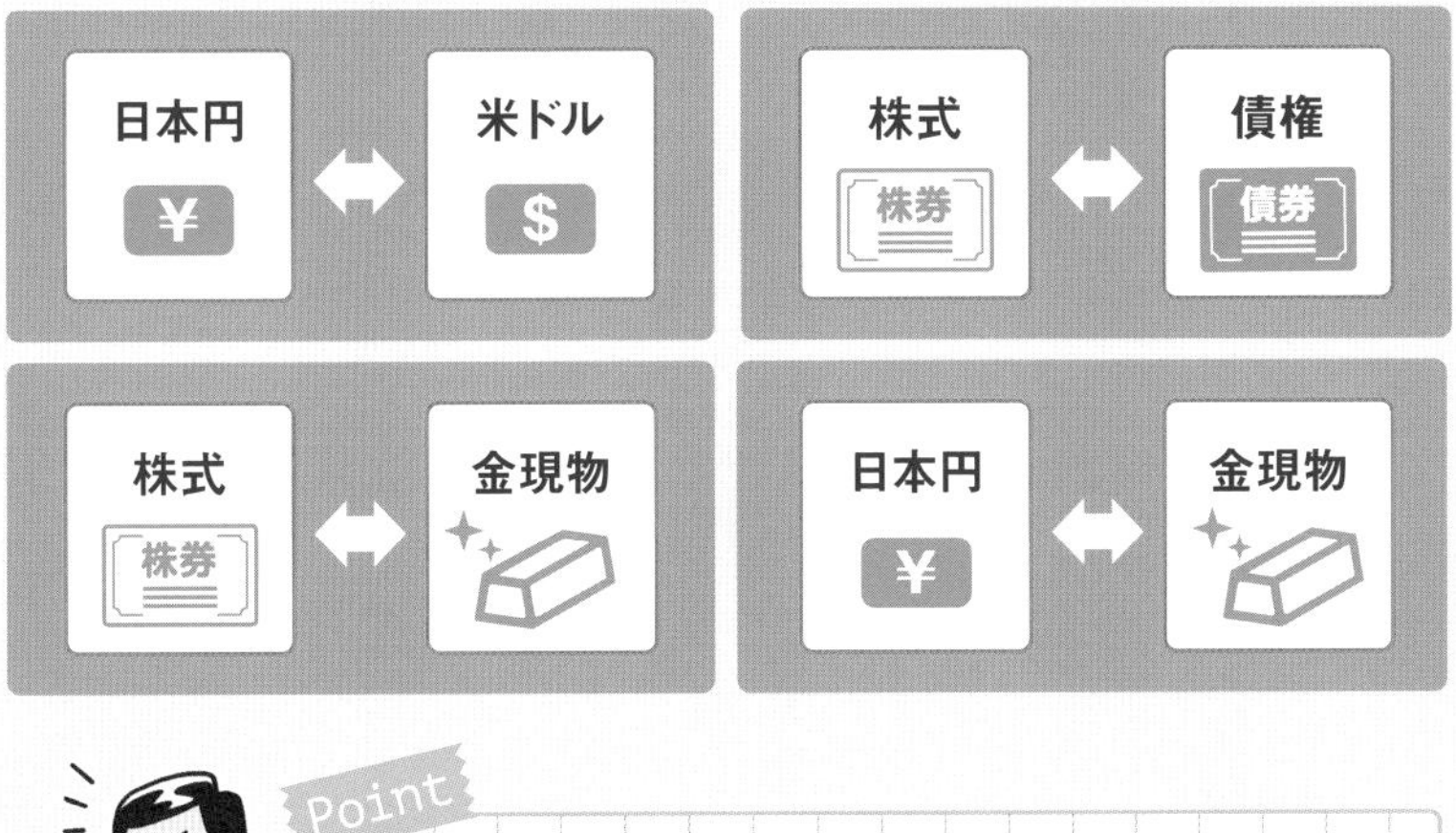

Point

まずは第1ステップを確実に実行しよう。
資産が育ってきたら第2ステップも視野に！

02

「バランス型」で世界の平均値を取ろう

平均点狙いでＯＫ！

ここまでいろいろな種類の投資信託を紹介してきましたが、ぼくは「とりあえずバランス型ファンドに投資をしておけばＯＫ」と考えています。

成長する資産はバラバラ

左ページの図をご覧ください。これは、２０１４年から２０２２年までの、投資信託の各資産の年間のリターンをまとめたものです。各年の１位が、その年で一番成長した資産ですが、見てわかる通り、成長する資産は毎年バラバラです。去年大きく伸びた資産が今年は暴落した、ということが普通に起こりえます。

基本は**どんな資産が大きく成長するかは「誰にも予測できない」**と考えたほうが良いです。大穴を当てて一攫千金を狙うのではなく、堅実に資産をつくっていきたいという投資家は、そもそも何かを的中させるのではなく、確実に平均点を取っていく考え方のほうが、結果的には良いリターンが得られるものです。

そうして見たときに、この中で平均点を取っているのがバランス型ファンドです。どの年でも、比較的平均的な数字を出していることがわかります。バランス型は全世界の平均点を得ることができるものなのです。

バランス型が効果的

手間暇かけて伸びる資産を毎年選んで賭けていくよりも、平均６％もの成長が見込めるバランス型を単純に積立していくほうが、シンプルかつ効果的だと思っています。

インデックスファンドへの投資自体がそもそも**「市場の平均点を狙う」**ことですので、それならば各資産の平均をさらに狙うのは、理にかなった選択です。

バランス型ファンドは世界の経済成長の平均が取れる

バランス型ファンドはどの年でも
平均的な数字が出ていることに注目！

	1位	2位	3位	4位	5位	6位	7位	8位	9位
2014年	米国REIT 45.5%	J-REIT 29.7%	新興国国債 22.1%	先進国株式 19.9%	バランス型 19.5%	米国ハイ・イールド 16.5%	先進国国債 13.1%	新興国株式 11.6%	日本株式 10.3%
2015年	日本株式 12.1%	米国REIT 3.2%	新興国国債 1.5%	先進国株式 0.0%	バランス型 -2.4%	先進国国債 -3.3%	米国ハイ・イールド -4.3%	J-REIT -4.8%	欧州ハイ・イールド -9.1%
2016年	米国ハイ・イールド 14.3%	J-REIT 9.9%	新興国株式 8.6%	新興国国債 7.2%	米国REIT 5.7%	先進国株式 5.2%	バランス型 4.8%	欧州ハイ・イールド 2.7%	日本株式 0.3%
2017年	新興国株式 32.7%	日本株式 22.2%	先進国株式 18.6%	欧州ハイ・イールド 17.4%	バランス型 11.4%	新興国国債 6.2%	米国REIT 4.7%	先進国国債 3.6%	米国ハイ・イールド 3.6%
2018年	J-REIT 11.1%	先進国国債 -3.5%	米国ハイ・イールド -4.9%	米国REIT -6.6%	新興国国債 -6.8%	バランス型 -7.7%	欧州ハイ・イールド -10.4%	先進国株式 -10.6%	日本株式 -16.0%
2019年	米国REIT 27.4%	先進国株式 27.1%	J-REIT 25.6%	日本株式 18.1%	新興国株式 17.7%	バランス型 16.8%	新興国国債 13.9%	米国ハイ・イールド 13.3%	欧州ハイ・イールド 7.7%
2020年	新興国株式 12.8%	先進国株式 10.7%	日本株式 7.4%	欧州ハイ・イールド 6.5%	バランス型 5.0%	先進国国債 4.7%	米国ハイ・イールド 0.8%	新興国国債 0.1%	米国REIT -9.8%
2021年	米国REIT 57.5%	先進国株式 36.4%	バランス型 21.3%	J-REIT 20.0%	米国ハイ・イールド 17.4%	日本株式 12.7%	新興国国債 9.5%	新興国株式 9.0%	欧州ハイ・イールド 7.2%
2022年	米国ハイ・イールド 1.2%	日本株式 -2.5%	J-REIT -4.8%	欧州ハイ・イールド -5.0%	先進国株式 -6.3%	新興国国債 -6.3%	バランス型 -6.8%	先進国国債 -6.9%	新興国株式 -8.5%

※「ハイ・イールド」は高配当株を示す言葉。

<参考文献>
『Guide to the Markets』（J.P. モルガン・アセット・マネジメント）
https://am.jpmorgan.com/jp/ja/asset-management/per/insights/market-insights/guide-to-the-markets/

2020年、2021年は株式が好調だったが、
2022年は株価が大きく下落した。
→これを的中させることは誰にもできなかった

バランス型ファンドは
平均値の中の平均を取る

投資信託の本来の目的は、
安定的に世界の成長を受け取ることにある

Point

ヤマを当てるのが目的ではなく、着実に
資産を増やしていくことが投資信託の目的！

03

方針にあわせて組み立てよう

「不安にならないポートフォリオ」を組むことが大事

前節ではバランス型をオススメしましたが、もちろん人それぞれに向いた資産配分やポートフォリオがあります。自分が納得でき、そして安心できるポートフォリオを組むことが重要です。大まかには、3つのタイプが考えられます。

しっかり増やすなら株式を重視

資産をしっかり増やすためにリターンを求めるのであれば、**重視するのは株式の比率**です。国内・海外含めて株式比率を50%以上、ポートフォリオに積極的に含めていきましょう。

リスクはありますが、長期投資できる前提であれば、最終的なリターンがプラスになる可能性が大きくなります。

もし、資産額が乱高下して不安になって日常生活や仕事にも影響が出てしまう……ということであれば、それはリスクの取りすぎでしょう。**リスクの低い資産の比率を高めるなど、守りを固める方向に動くのが良い**と思います。具体的には債権比率を増やす、金現物なども含める、または一部を売却して現金化していくことも考えられますね。

バランス型をメインにしよう

すでにお話しした通り、バランス型はそれ単体でポートフォリオが組まれています。

このバランス型をメインに据えた上で、株式インデックスを追加で購入することでリスク・リターンを高めたり、逆に債権インデックスを追加することでリスクをおさえたりするなど、バランス型＋1のような形でポートフォリオを調整していくこともできます。

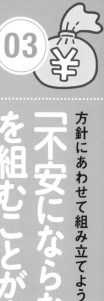

自分が「安心」できる資産配分にしよう

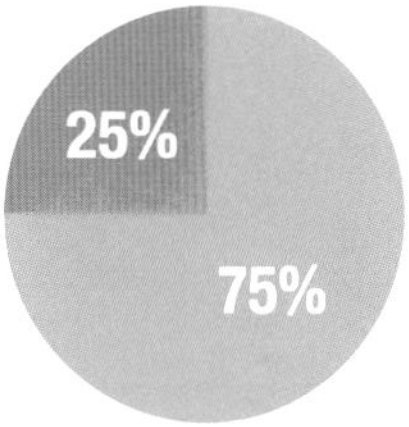

ガンガン増やしたいなら

株式重視のポートフォリオ

株式：75%　債券：25%

リスク：大　リターン：大

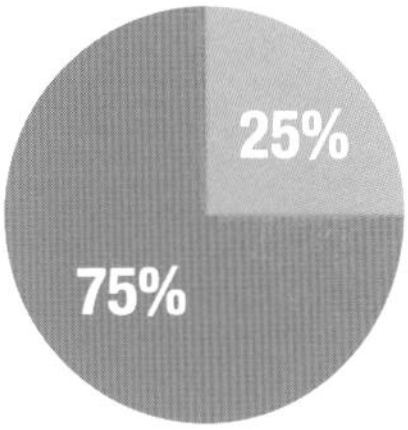

ガッチリ・コツコツ増やしたいなら

債券重視のポートフォリオ

株式：25%　債券：75%

リスク：小　リターン：小

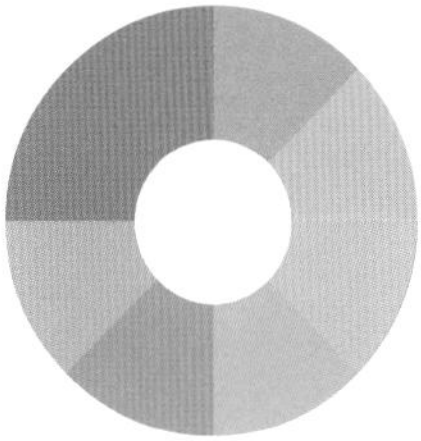

12.5%ずつ

ポートフォリオを自分で組むのがめんどうな人は

バランス型の投資信託

世界各国の資産に
均等に分散していく

➡自分の手でポートフォリオを
組む必要がない

基準は「普段安心して熟睡できるか」どうか
気になって落ち着かないようなら、
それはリスクの取りすぎということ！

Point

実際に投資してみないと実感がわかないこともある。
まずは少額投資で、少しずつ慣らしていこう

04

初心者のうちは心配無用

ポートフォリオを再調整する「リバランス」とは

リバランスとは、設定していたポートフォリオから資産の実情がズレてきた場合に、**資産の一部を売却・追加購入すること**で、比率を再調整することです。

具体的には、株式と債券で50%ずつの比率を目標としていたものの、株式が大きく成長して70%ほどになった際に、増えた20%を売却することでもとの比率に戻すようなケースを指します。

リバランスはほとんど必要ない！

さて、このリバランスですが、人によって意見がわかれます。こまめにするべきという人もいますが、ぼくはだいたいの人はリバランスの必要はほとんどないと考えています。理由としては、リバランスに伴って資産を売却するときに、利益に対する税金がかかってくるからです。

すでに説明した通り、利益には20%もの税金がかかります。**こまめにリバランスをするということは、そのたびに税金を支払うことになります**し、資産も一時的に目減りすることになります。

資産を増やしていくフェーズにある投資家のみなさんは、おそらくは当分、リバランスを考える必要性はないと思われます。

それでも、比率が極端に偏ってきたと感じるのであれば、追加購入によるリバランスを考えると良いでしょう。先ほどの例で株式が70%になったら、債権の積立額を増やして、比率を50%ずつに戻していく、という考え方です。

このほうが、追加の税金はかからず比率も再調整していけるので、資産形成途中の投資家にとってはベターな方法だと思います。

資産配分を調整する「リバランス」とは

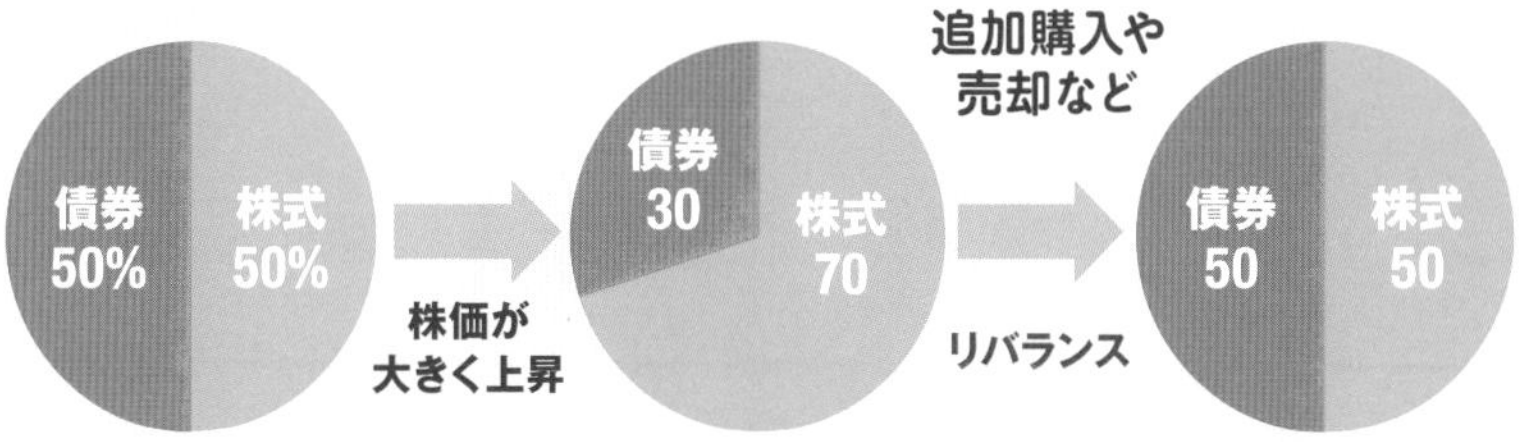

債券と株式が50:50の比率になるように目標
設定していたポートフォリオだったが株式が
成長して70:30になってしまった！

**→ 株式20%を売却して、
もとの50:50に戻すのが「リバランス」**

リバランスのメリット
偏った比率を修正し、
理想の資産配分に戻せる

リバランスのデメリット
売却すると税金がかかる
もちろん、売買の手間もかかる

**バランス型投資信託なら
自動的に
リバランスしてくれる！**

売却時の税金のことを
考えると、②の追加購入で
ポートフォリオのバランスを
調整していくのが理想的

リバランスは2種類ある
①増えた資産を売却するリバランス
②少ない資産を追加購入するリバランス

Point
**資産額が小さいうちは気にする必要なし！
金額が大きくなってから、リバランスを検討
しよう**

05

銀行預金ではもったいない！

お金を働かせる！預金はどんどん投資信託へ

投資をしていく上では、**「お金を働かせる」という考え方が重要**です。みなさん自身が稼いだお金を市場に送り出して、自分の代わりに働いてもらうという考え方です。

普通預金は超低金利！

現在の普通預金の金利は0.001%で、定期預金でも大差ない超・低金利です。これだけリターンが低いとお金は働くことはなく、完全に眠った状態になっているといえます。

将来の備えとして貯金をしている方も多いと思いますが、日本円の預金だけでは単利も複利効果も発揮できません。単純にお金を貯めていくだけでは、非常に効率の悪い方法だということですね。

ということで、まとまった預金がある方は、**どんどんその余裕資金を積極的に投資に回していく**ことを考えましょう。

投資は余裕資金の範囲内で

とはいえ、いきなりみなさんのすべての預金を投資に回す必要はありません。あくまで、余裕資金の範囲内でOKです。

みなさんも生活の中で生活費は必要になってきますから、いつでも使える預金というのは、必ず残しておくべきです。

そうした手元に残す金額の目安としては個人差がありますが、生活費の2〜3ヶ月分ぐらいを常に持っておけばじゅうぶんだと思います。

投資信託を売却して現金に戻すには数日以上かかります。

とはいえ、生活費の3ヶ月分を持っておけば、ふとした出費にも対応できるはずです。

預金と投資信託の差はこんなにも大きい！

100万円を銀行に20年間預けていた場合

金利	0.001％
1年目の利息	￥10
20年間・複利運用した場合の利息合計	￥200
20年間・複利運用したあとの元本	￥1,000,200

今後、物価高や円安で増える金額よりも価値の目減りのほうが早くなる可能性も

預金口座

- 生活に必要な預金
- すぐには使わない預金 → 投資信託

数ヶ月から半年分の生活費が預金口座にあればOK

投資信託なら、安全重視の投資でも……

100万円を年1％で20年運用した場合

利回り	1％
1年目の利息	￥10,000
20年間・複利運用した場合の利益合計	￥220,190
20年間・複利運用したあとの元本	￥1,220,190

年1％の利率でもこんなに利息の差が出る！

株式やREITに投資すればもっと利回りは高くなる！
預金として眠らせるのではなく、積極的に働かせよう

Point

日本円のまま持っているだけでは、現状維持どころか目減りしていくことを意識！

06

毎月・同額の購入で得しよう

ドルコスト平均法なら財布にも心にも優しい

ぼくのオススメは毎月・同額での積立投資です。

理由はもちろんそのほうが簡単だということもありますが、毎月同額で購入することでメリットが生まれるからです。

変動する相場の平均価格で購入できる

毎月同じ金額で積立購入していく手法は「ドルコスト平均法」と呼ばれています。

何回かに分割して購入することで、購入単価の平均をおさえることができます。

一括購入する場合は、基準価額が安い状態なら良いですが、高い状態だった場合は買ったあとに値下がりしてしまうと大きな損になります（これを「高値づかみ」といいます）。

しかし、「一定期間を設けて毎月○万円買う！」と決めておくドルコスト平均法なら、その期間内の平均価格で購入できるのです。

高いときは少なく買い、安いときには多く買う。それを機械的に行える便利な手法といえます。

相場が下落の傾向にあっても「同じ金額でたくさんの口数が買えた」と思えるようになるので、精神的な負担が比較的おさえられるのもメリットでしょう。

前節で説明したように、**銀行預金を投資信託に切り替えていく場合も、一度に大量に購入するのではなく、12ヶ月などに分割して、毎月の積立金額を設定するのが良い**と思います。

「毎月の余裕資金＋銀行預金で眠っている金額」という形式で設定して積み立てていけば、期間内の平均を狙えるはずです。

「ドルコスト平均法」とは？

1回で30万円分を購入した場合

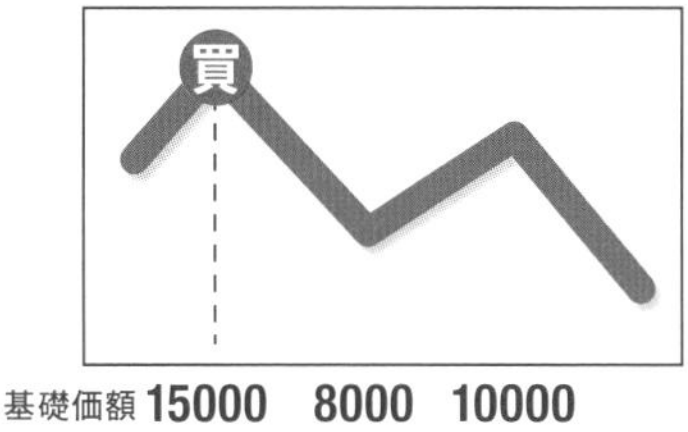

1回で購入できた口数
20万口
平均取得単価
15,000円

10万円ずつ3回にわけて購入した場合

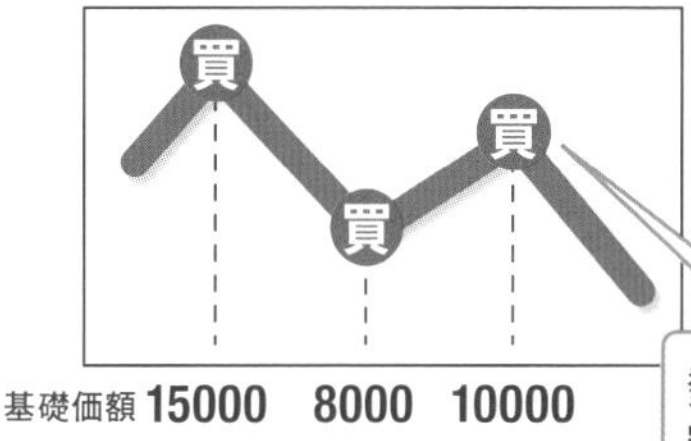

3回にわけて購入できた口数
29万口
平均取得単価
11,000円

数回にわけて買ったので
安いときにたくさんの口数を購入できた！

同じ金額で複数回にわけて買うことで
購入価格を平均化できるのが「ドルコスト平均法」

相場が下がっていても
自動的に口数を
多く買えることになるので
精神的にも気楽に
続けられる！

Point

ドルコスト平均法なら
常に変動する市場の平均価格で購入できる！
下落相場でも多く買えるから気楽になれる

07

投資信託の買い時・売り時とは?

いつはじめるべきなのか?

株式と同じように、投資信託も「安いときに買って高いときに売る」ことで大きな利益を得られます。しかし、その買い時と売り時を見分けるのは、とても難しいことです。

いったい、どのようなタイミングを見計らって買うべきなのでしょう。

買いたいときに買おう!

これから投資をはじめるみなさんにアドバイスするとしたら**「買いたいと思ったときが買い時」**です。投資は今の相場が高いのか低いのか誰にもわからず、あとになって振り返ってみてようやくわかるのです。

運用のプロであろうと、買い時は見極められません。そうなると、一般投資家のわたしたちが「あれこれ考えても無駄」だと思うのです。

人の心理というものは不思議なもので、自分で予想して買い時・売り時を的中させられる気がしてしまうのですが、下手に売買タイミングを計ろうとすると「高値で買って安値で売る」結果になりがちです。

また、買い時を探ったままなかなか投資がはじめられない人もいますが、何もせずに資金と時間を眠らせておくほうがもったいないです。

悩むならドルコスト平均法で

誰にも買い時の判断ができないのであれば、ドルコスト平均法を使って毎月同額、積立を続けて長期間の平均値を取るのが、一般投資家の賢いやり方だと思います。はじめから無理に的中を狙うのではなく、平均点を取って着実に資産を増やしていく。退屈な投資かもしれませんが、多くの人にとっては、投資の醍醐味よりも、ちゃんと資産が増えていくことのほうが大事なはずです。

「投資をはじめよう」と思ったときが買い時!

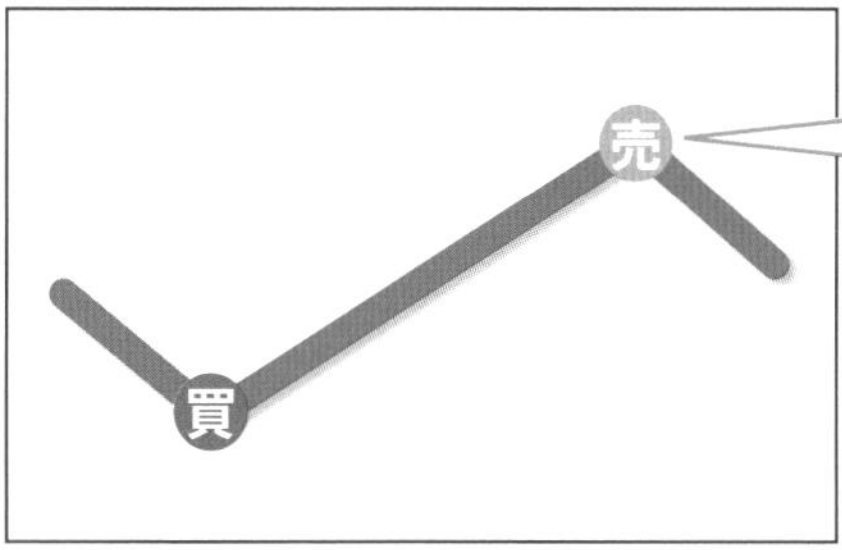

安いときにたくさん買って
高いときに売る!
それがベストだけど……

相場をピッタリ予想することは誰にもできない!

長期投資すればするほど、損する可能性が低くなる

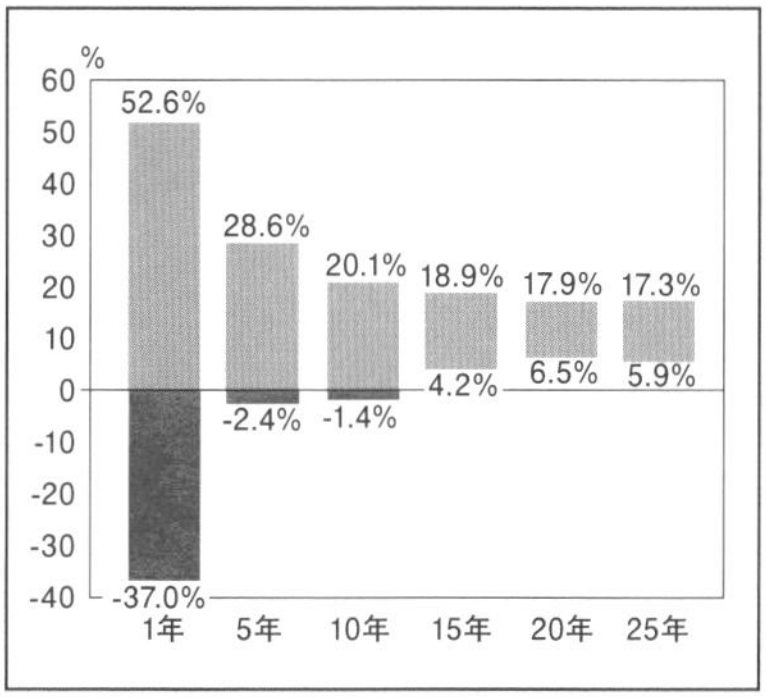

1年だけの投資だと「-37.0~52.6%」のリターン

10年間投資すると「-1.4~20.1%」

→高確率でプラスになる

15年以上の投資では必ずプラスに!

参考文献:『ウォール街のランダム・ウォーカー 株式投資の不滅の真理第12版』(日本経済新聞出版)

つまり「長期投資前提」ならいつ投資をはじめてもOKということ

→「買い時」を待ったまま、資金と時間を浪費するほうがもったいない

一般の投資家が取るべき道は…

☑「長期投資すること」を念頭にはじめる

☑コツコツ毎月積立で平均を狙う

Point

「何もしない」うちにも時間は経っていく
時間を味方につけるためにも、買い時は今!

08

「鈍感」な人が勝っている

長期運用のコツは「楽天的」になること

10年、20年、それ以上と長期投資を続けていくと、必ずどこかの局面で大きな変動が起きるはずです。過去には、2008年のリーマンショック、2020年のコロナショックなどが大きな変動にあたります。

持ち続けた人が資産を伸ばす！

大暴落の局面になると売り注文が殺到します。投資家の心理として「相場が下がってくると不安になる」「不安で手放したくなる」という考えが出てきてしまい、ついつい売却してしまいたくなるのです。

しかし、実際は**暴落局面でも保有・投資し続けた人が、その後の復活相場で大きく資産を伸ばしています**。変動に敏感な人よりも、気にせず買い続ける鈍感な人のほうが結果的に得しているのも面白いですよね。

どれだけ相場が落ち込んでも、いずれはもとに戻る、という考えで「値動きは気にしない」スタンスを持っておくことが、長期投資のコツです。むしろ、暴落したら「安いときは多くの口数が買える」というプラス思考、楽天的な考え方のほうが長期投資には向いていると思います。

慣れたら放置してみよう

投資をはじめたばかりの頃は、値動きの変動を体感するためにこまめに値動きを見るのも良いですが、慣れてきたら、ある程度は放置する前提でいたほうが良いでしょう。「不安になってきたら証券会社のホームページを開かない」というのも1つのコツです。

投資結果が一番良かったのは「投資していたことを忘れていた人」なんて言葉もあるぐらいですから、どっしり構えていきましょう。

投資信託は「楽天的」な人が勝つ

「日経平均○円安」
「○○経済の先行き不安」

暴落したときに
売却してしまうことを
「狼狽売り」という

このまま保有していて大丈夫？
なんだか不安になってきた……

長期投資をしていれば
大きな変動が起きるのは仕方ない！

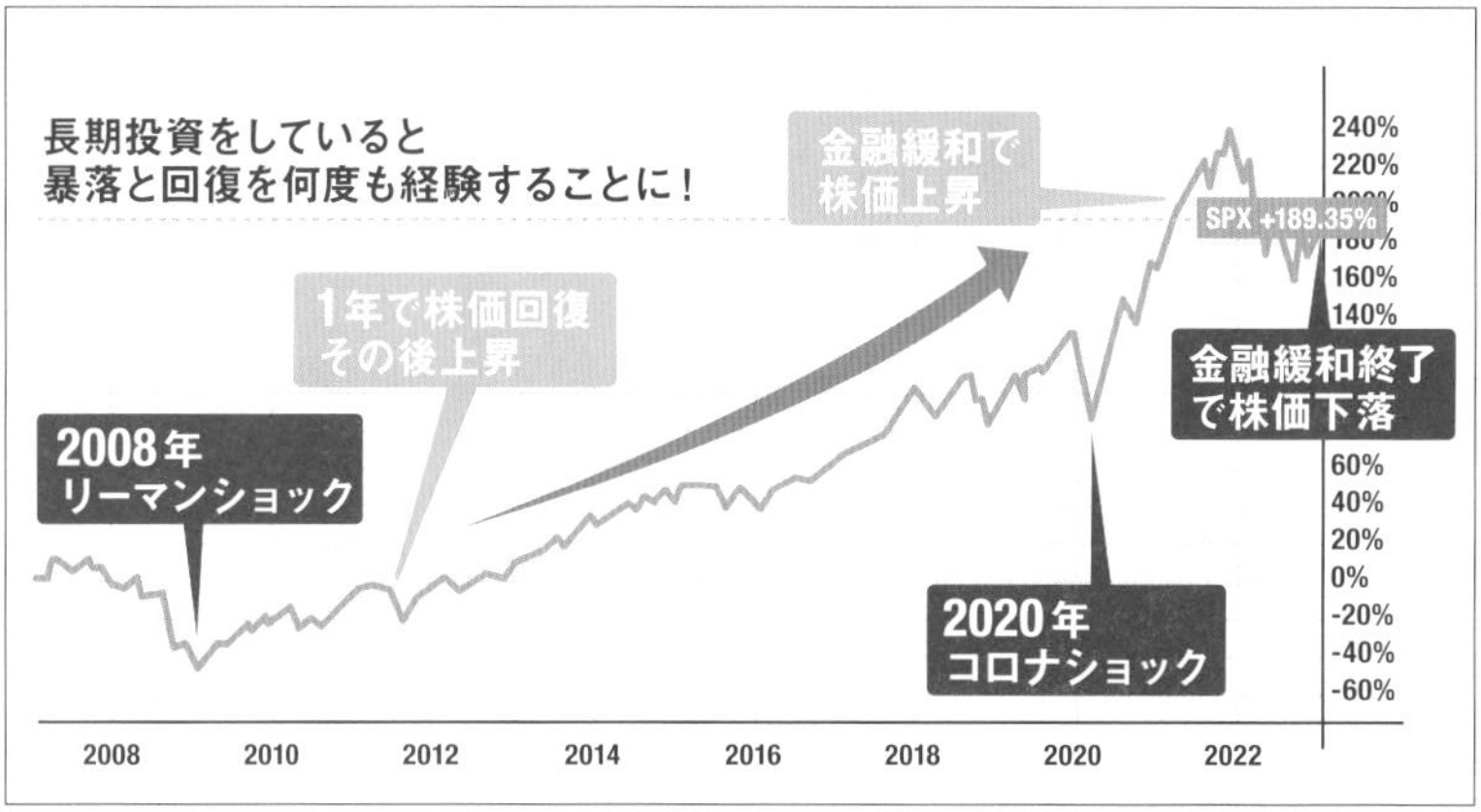

結果的に、楽天的になって
「暴落してもそのうち伸びる」
と考えて積立し続けた人こそが、
資産を伸ばしている

Point

「人間が経済活動を行う限り景気はまた戻る」
そう考えて暴落や不況でも動じずに
投資し続けることが重要！

09

投資信託はやっぱり長期向き！

ファンドの乗り換えは不要！しっかり長期で投資しよう

証券会社によっては、営業がファンドの乗り換えを勧めてくる場合もあります。「このファンドは今後価値が下がる可能性があるので、今のうちに別のファンドに乗り換えましょう」と勧めてくるのです。

これは証券会社側の裏事情で、新しい投資信託に乗り換えてもらうことで買付手数料などが稼げるという背景があり、ファンドの乗り換えを勧めてくるケースが多いようです。

一度購入したら持ち続けよう！

税金や買付・売却・税金のコストのことを考えると、**投資信託は一度購入したら、可能な限り長期で持ち続けるほうが良い**です。

逆にいうと、買い替えをしなくても良いように、どの投資信託に資産を投じていくのか、しっかりと事前に検討して、本命のファンドを決めておく必要があります。

「インデックスファンド」「低コスト」この2つをカバーしていれば、投資信託としては合格だと思います。これらを軸に、あとは資産の種類を選んで、投資していくファンドを決めていきましょう。

低コストのインデックスファンドどうしでも、手数料競争によって「以前は最安だったけど競合のほうが安くなった」という状況もよくあります。その場合でも、都度全売却して最安のファンドに乗り換えるということは、可能な限りしないほうが良いと思います。

どうしても手数料が気になるのであれば、その競合のファンドを新規積立の対象にして、追加で買い増していくことをオススメします。追加購入のリバランスの考え方に似ていますね。

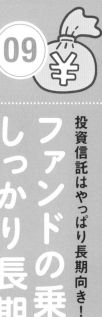

投資信託は売買に不向きなもの

投資信託のメリット

- □ 運用をプロに任せっきりにできる
- □ 低額から定期的な積立ができる
- □ 市場の平均的な投資結果を得やすい

投資信託のデメリット

- □ 売買時にコストや税金がかかる
- □ 売買注文から完了まで数日のタイムラグがある

投資信託は短期売買にはそもそも向いていない

ファンドA → 乗り換え → ファンドB

購入時のコスト（手数料）

売却時のコスト（税金・手数料）

あまり大きな理由のない乗り換えは、手数料を無駄にすることになる

→はじめの投資でしっかり選ぼう

「資産形成のための投資信託」の合格条件
①インデックスファンド
②低コストであること

短期間での売却が必要となるレバレッジ型も本来は投資信託には不向き！

やるならレバレッジETFに投資するのがオススメ

Point

不要な乗り換えはもちろんやめたほうが良いが、よくないファンドを買ってしまった場合にはケースバイケースで移行を検討しよう

10

結婚、子育て、マイホーム……

お金が「本当に」必要になったときには売却してOK

前節といっていることが真逆に思われるかもしれませんが、**お金が必要になったら投資信託は売却してしまって良い**と考えています。

大事な局面ではお金を使う！

人生には大きなお金が必要になる場面がたくさんあります。結婚や子育て、そして教育費、家や車の購入、家族旅行など、キリがありません。そうした局面になったら、投資信託は売却して、大事なことに使ってしまって良いと思います。

「買ったときよりも価値が下がっている状態だから売るのはもったいない」という気持ちはわかるのですが、人生の中で大事なタイミングでお金を使わないことのほうが、よっぽどもったいないと思います。

「お金には働いてもらうが、使うときにはしっかり使う」というスタンスで考えておくと、無駄がなくてスマートです。

人生設計を考えておこう

また、人生設計の中で、いつお金を使うかがハッキリ決まっているのであれば、その売却時期を見越してポートフォリオを安全資産に組み替えていくのも良いと思います。

例えば40代までに家を買う目標があるのであれば、20～30代前半まではリターンの大きい株式をメインに据えてリターンを得ていき、30代後半から徐々にリスクの低いポートフォリオに変えていくなどが考えられます。

ライフプランは人それぞれですので、自分がどのようにお金を使っていきたいかを考えて、ポートフォリオも臨機応変に変えていきたいものですね。

投資の本来の目的は？

人生でお金が必要になるステージ

投資信託も自分の資産！
まとまったお金が必要になったら
売却して使ってしまおう

例：40代でマイホームを
買いたい！

20代会社員

利率の高い ポートフォリオで積極運用	安全資産に移行し 資産をしっかり守る	売却	念願の マイホーム購入！
20代から30代序盤	30代中盤から終盤		

長期の運用資産の中から
必要な分のみを移行する

売却まで
数営業日
かかるため
計画的に！

Point

「長期投資をするため」に資産を使わないのは
ナンセンス。
本来の目的を見失わないようにしよう！

11

精神面でのストレスを減らす

運用はあくまで余裕資金の中で！

投資は投じた額によってリターンが変わってくるものですが、**あくまで余裕資金の中でやりくりするようにしましょう。**

生活費を3パターンにわけよう

例えば毎月の給料から「生活に必須なお金」、「特に使う予定はないがあまり減らしたくないお金」、「特にすぐ使う予定がなく、ある程度リスクをとっても良いお金」に分類し、それぞれA、B、Cとします。

Aは毎月の生活に必要なお金なので、投資には向きません。

この場合、BとCが余裕資金となります。BとCの割合にもよりますが、Bは債券などのローリスクな投資信託に、Cを株式などの投資信託に投資するのが標準的なパターンでしょう。

余裕資金だから価値が下がっても冷静になれる

余裕資金だけを使う理由は、精神的な圧迫をおさえるためです。

余裕資金の中だけで運用しておけば、下落の局面になってもある程度は客観的に眺めていられるはずです。

自分の中では余裕資金だったつもりでも、下落の局面で心がザワザワしてしまうのであれば、もう少し金額を落として、心を落ち着かせるのが良いと思います。

まだまだ長期投資ができる期間があるのであれば、余裕資金の中から捻出する毎月の積立金額は、低くても大丈夫です。逆に投資期間が短いと余裕資金だけだと少し厳しくなってくるかもしれません。

このように積立金額に自由度が生まれるのも、長期投資のメリットですね。

納得できる「余裕資金」の中で運用しよう

まずは自分の日々の生活費を
3パターンにわけて把握しよう！

生活に必須と思いつつも、
見直すと意外と余裕資金があるかも

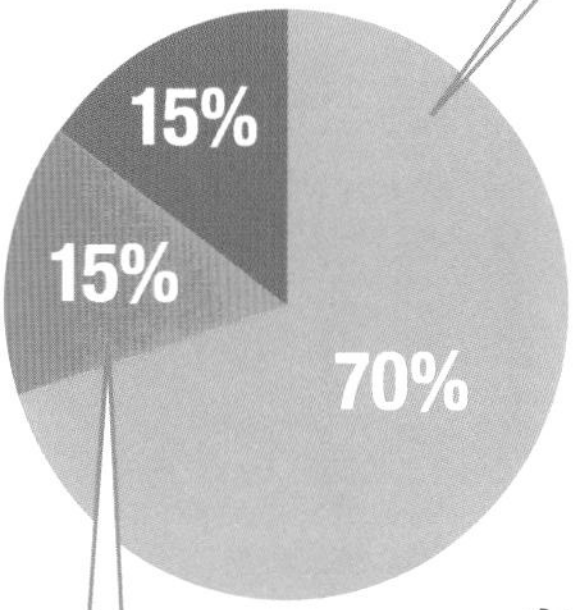

A 生活に必須なお金

B 特にすぐ使う予定はないが
あまり減らしたくないお金

C 特にすぐ使う予定がなく、
ある程度リスクを取っても
良いお金

**自分の毎月の収入をカテゴリわけして
余裕資金を割り出そう**

この配分なら
収入の30%まで運用に回せる！

**なかなか
余裕資金がない？
それでも大丈夫**

**投資結果は
『元本×期間×利回り』で決まる！
投資できる余裕資金が
少なくても、時間を味方に
資産を大きくしよう**

Point

**ここでも安心を最優先！
安心して投資し続けられる金額でこそ
長くコツコツ続けられる**

12

賢くお金を使おう

節約して投資するのはアリ？

ぼくは節約好きなこともあって、日々節約をしながら、余裕資金を増やしていました。日々節約した額を投資に回すのは「アリ」だと思います。前節の生活に必須なお金の中にも本当に必要なお金と気づかずに浪費したお金があるはずです。

まず固定費を見直してみよう

浪費の代表格に固定費があります。家賃や携帯電話料金、保険料、ローンの利子、サブスク代などです。

固定費の見直しは効果大です。**普段、毎月当たり前のように支払っている固定費を見直して金額を下げることができれば、毎月継続的に余裕資金が発生することになります。**

例えば携帯電話を格安ＳＩＭに変更する、ローンの借換えをする、複数のサブスクを1つに統一するなどすれば、気づかずに浪費していたお金を削っていけるはずです。

クレジットカードは特に重要！

また、クレジットカードの使い方はとても重要です。分割払いには金利手数料がかかりますが、一回払いにすることで手数料はゼロになりますし、クレジットカードのポイントももらえますので、これを使ってさらに投資信託を買うこともできます。

もし、無駄な金利支払いをしている方がいれば、ぜひ見直しましょう。

「どれも必要だから、削れるところなんてないよ……」と考えがちですが、それでも改めて見直してみると、節約できる部分は意外とあるものです。**試しにサービスを解約してみたら意外となくても平気だった、ということもありますので、試してみて節約＆投資に回していきましょう。**

節約によって余裕資金も増えていく！

節約と侮ることなかれ！
見直してみると想像以上に「余裕資金」が眠っているかも

①固定費の削減

→電気代、家賃、通信量、ローンなど…毎月払い続けるもの

・携帯電話のキャリアを格安SIMに変える
・不要なサービス、サブスクを減らす、統合する

②ポイント活動

→日々の支払いでポイントを貯めて、賢く節約&投資！

・コンビニやサービスの支払いでポイントを貯める
・そのポイントを投資信託の購入に！　(→50ページ)

③クレジットカードの活用

→使い方しだいで節約にも負債にもなる

・一括払いで使えばポイントを貯めて有利に投資可能
・分割払いは借金。逆に利息を支払うことになるので避ける

投資の複利運用のように
日々の節約がジワジワ効いてくる！

著者Twitter → @20sinvest

著者アカウントでも日々、節約＋投資の情報をシェアしています

Point

コストの低いファンドを探す努力と、
節約のために固定費を安くおさえる努力は
同じ！

13

株式、不動産投資、FX……

投資信託を他の投資の入り口にしよう

さて、ここまで投資信託の基本や、長期投資の考え方について紹介してきました。

あとは、実際にはじめてみるだけです。日々コツコツと積み立てながら、投資の世界に少しずつ詳しくなっていきましょう。

投資信託はさまざまな投資につながっている

きっと、この投資信託を通して他のさまざまな投資に興味がわいてくる人もいるかと思います。

株式型ファンドは株式投資につながっていますし、REITは不動産投資につながっています。

債券インデックスを通じて、実際に個人で国債を買ってみるのも良いでしょう。為替レートの変動も、FXの参考になります。

手数料を支払って難しい運用をプロにお任せするのが投資信託ですが、**投資信託を通して市場動向に詳しくなったなら、株式や債券、FXそして不動産への投資をはじめてみても良いわけです。**

ほとんどのジャンルは投資信託よりもリスクはありますが、リターンも投資信託より大きいはずです。

一歩目を踏み出そう

成功するかどうかは結局のところ個人しだいですが、本書で何度もいっているように、まずは経験してみないことには何事もはじまりません。**投資信託も、実際にはじめてみないとわからないことがたくさんあります。**

大きな可能性があるのが、投資の世界です。この世界に足を踏み入れる第一歩として、投資信託は最適だと、ぼくは思っていますよ！

投資信託を他の投資の入り口に

株式

特徴

・株式会社に投資し配当金や売買差益を得る

メリット

・所有コストがかからない
・株式の配当金がもらえる
・リアルタイムに売買できる

投資信託で関係するもの

国内株式
海外株式

不動産投資

特徴

・不動産を所有し家賃などで収入を得る

メリット

・実際の物件が資産になる
・定期的な家賃収入

投資信託で関係するもの

国内REIT
海外REIT

FX

特徴

・通貨を売買することで2つの通貨の為替レートの差の利益を得る

メリット

・投資額以上の通貨を取引できる(レバレッジ)
・リアルタイムに売買できる

投資信託で関係するもの

レバレッジ型

それぞれに
メリット・デメリットがある！
投資信託を通じて興味を持ったら
いろいろと調べてみよう！

Point

投資信託は他の多くの投資に幅広く触れられさまざまな投資の入り口として最適。まずはスタートしてみよう！

＼まとめてチェック！／

投資信託で使われるキーワード

繰上償還

償還期間よりも前に投資信託の運用が終了して、資産が強制的に売却されること。例えば、資金の引き上げなどが起こり、ファンド自体が運用できなくなった場合などに、残りの資産を繰上償還する場合がある。大抵の場合、基準価額が暴落した末の強制売却なので、損失が出る場合が多く、資産総額が下落傾向にあるファンドを避けるべき理由はこの繰上償還にある。

ベンチマーク

その投資信託が運用目標とする基準のこと。例えば国内株式インデックスなら、「日経平均株価」をベンチマークとして運用する。

ブル・ベア

ブルとは上昇相場のことをいい、ベアは下落相場のことを指す言葉。ベア型投資信託では、相場が下落すると逆に基準価額が値上がりするという逆の性質を持つ。つまり、下落相場になればベア型投資信託で儲けることが可能。

元本保証型

金額の数字が保証されているタイプの投資信託。例えば定期預金に投資するというファンドなら、預金額は保証されていることになる。しかし、為替レートやインフレなどで、数字は変わらなくても実質的な価値は下がる可能性もあることに注意。

ETF

個別株を複数組み合わせた、株式市場で取引されている銘柄のこと。投資信託と違い、ETFは株式と同じようにトレードしたり、株式からの配当金を受け取ることも可能。また毎月分配型と違い、元本を削って配当金を出すということはない。

アセットアロケーション

運用する資産を「現金」「株式」「債権」など、どのような割合で配分するかを決めること。少し似ているが「具体的な投資信託で組んだ資産配分」のことを、ポートフォリオという。

ファミリーファンド方式

投資信託がさらに、「マザーファンド」と呼ばれるファンドに投資する形式のこと。この場合、子の投資信託は「ベビーファンド」と呼ばれることになる。同じ投資対象どうしだと、同じマザーファンドに投資している場合がある（ただし、手数料はファンドごとに異なる）。

償還期間

投資信託の運用終了の予定日のこと。これが設定されている投資信託は「10年間のみの運用」など、はじめから期限が設定されていることになる。投資信託は長期運用が有利なので、償還期間が決まっているファンドは極力避けたほうがいい。

レーティング

過去のパフォーマンスに基づいて、評価機関が投資信託を評価・格付けすること。投資信託では☆1つから☆5つまでの5段階で評価されることが多い。あくまで過去の成績からの評価であり、今後のリターンを保証するものではない。

利益確定

含み益の状態から資産を売却して、利益額を確定することを利益確定という。

含み益のまま持ち続けても、暴落が来た場合など含み損に転じる可能性もあるため、その前に売却することで利益確定をすることも重要。通常の口座では、ここで出た利益に税金がかかるしくみとなっている。

実質コスト

投資信託のコストは「買付手数料」「信託報酬」「信託財産留保額」の3つだが、これ以外の「隠れコスト」がかかる場合もある。隠れコストは実際に運用開始しないとわからず、運用報告書に実質かかったコストが記載される。手数料が大きく変動することはまれだが、最終的なコストは一定期間運用されたファンドでないとわからない。

利回り

利回りとは、投資した元本から1年で何%ほど利益が出るかを示す言葉。『(分配金＋売却益) ÷ 投資元本』で計算できる。複数年運用した場合は、さらにその年数で割ることでそれまでの利回りが計算できる。

年間取引報告書

証券会社が毎年発行してくれる、1年間の取引の損益などの数字をまとめた書類。特定口座でのみ発行される。一般口座ではこの書類は発行されず、自分の手で計算して確定申告する、ということになる。

ノーロード

購入時手数料がかからない投資信託を示す言葉。以前は購入時の手数料がかかるファンドが一般的だったが、投資の一般化によって、ノーロード投資信託が主流となってきた。ファンド購入時に数%目減りすることとなるため、可能な限りノーロード投資信託を選ぶべき。

ファンドラップ

証券会社が行うサービスの1つで、資産をまるごと預けて、証券会社の運用担当者がポートフォリオ決定や運用を行うサービス。本書で説明した内容をすべてプロにお任せにできるが、運用手数料が年数%と非常に高く、多少勉強してでも、自分で決定して資産運用をしたほうがお得。

平均利回り

投資のリターンは景気によって毎年変動するため、ある特定の年の利回りではなく、投資信託では数年〜十年単位の平均の数字で利回りを計算するのが望ましい。投資信託全体での平均利回りは「3〜5%程度」と考えておいたほうがよい。

索引

おわりに

ここまでお読みいただき、ありがとうございました！

投資というものは意外とシンプルで、はじめは難しいように感じますが、基本を覚えてしまえば、あとは定期的に入金してそのまま長期間で運用する。これだけです。

ぼくの好きな言葉に「定年後は、誰もが投資家として結果を問われる」というものがあります。つまり、それまでに投資をしていようがいまいが、それまでの期間、資産運用をどのようにしてきたかの結果を現実に突きつけられるということですね。

みなさんには、ぜひ早速投資をスタートして時間を味方につけていただきたいと思います。本書がみなさんの投資の入り口、第一歩になれば、何よりです。

最後に、ぼくは以下のSNSで投資・副業・節約に関する最新情報を定期的にシェアしております。本書に書ききれなかったことや、他の投資方法についても情報をみなさんに共有していますので、本書を読み終わったあと、ぜひチェック＆フォローいただけますと幸いです！

Twitterアカウント

@20sinvest

なまけものチャンネル（YouTube）

https://youtube.com/@20sinvest

ブログのURL

https://20sinvest.com/

読者特典のご案内

本書の読者のみなさんに、自分に合った投資信託をチェックできるフローチャートを差し上げます。
詳細については、下記の提供サイトをご覧ください。

▼提供サイト

https://www.shoeisha.co.jp/book/present/9784798180786

※ファイルをダウンロードする際には、SHOEISHA iDへの会員登録が必要です。
※コンテンツの配布は予告なく終了することがあります。あらかじめご了承ください。